हमारा स्वतन्त्रता संग्राम

राजेन्द्र मोहन भटनागर

वाणी प्रकाशन

वाणी प्रकाशन

4695, 21-ए, दरियागंज, नयी दिल्ली 110 002

फ़ोन : +91 11 23273167 फ़ैक्स : +91 11 23275710

शाखाएँ

अशोक राजपथ, पटना 800 004, बिहार

कॉफ़ी हाउस कैम्पस, महात्मा गांधी मार्ग, इलाहाबाद 211 001, उत्तर प्रदेश

महात्मा गांधी अन्तरराष्ट्रीय हिन्दी विश्वविद्यालय, वर्धा 442 001, महाराष्ट्र

www.vaniprakashan.com
marketing@vaniprakashan.in
sales@vaniprakashan.in

Hamara Swatantrata Sangram
by Rajendra Mohan Bhatnagar

ISBN : 978-93-5229-856-3
Story

प्रथम संस्करण 2022

मूल्य : ₹ 199

आर. टेक ऑफ़सेट प्रिंटर्स, दिल्ली-110 032 में मुद्रित

वाणी प्रकाशन का लोगो मक़बूल फ़िदा हुसेन की कूची से

प्रिय पाठकों,

यह पुस्तक आपके लिए लिखी गई है। अपना देश अनेक विदेशी जातियों का गुलाम रहा है। उसने उनके अत्याचारों को सहा है।

भारत में अंग्रेज़ी राज स्थापित हुआ था। उन्होंने भी हमारे साथ अन्याय किया था। गुलाम के साथ मालिक सदा से अन्याय करता आया है।

नई पीढ़ी स्वतंत्र देश में पैदा हुई है। उसे परतन्त्रता की तकलीफों का पता नहीं है, परन्तु हमें है।

यह पुस्तक मैंने इसी प्रश्न के उत्तर में लिखी है।

आप इस कहानी के उन तत्त्वों को समझने की कोशिश करना, जिनसे आज़ादी, गुलामी में बदल जाती है। साथ में यह भी देखना कि कहीं आज हम उन्हीं गलतियों को करने के अभ्यस्त तो नहीं होते जा रहे हैं और उनसे बचने के लिए हमें क्या करना चाहिए ? तब हमारे लिखने का उद्देश्य पूरा हो जाएगा।

एवमस्तु,

आपका

राजेन्द्र मोहन भटनागर

विषय सूची

1

यूरोपवासियों का भारत आगमन

अंग्रेज़ों का भारत में प्रवेश अत्यन्त रोमांचकारी और दुर्भाग्यपूर्ण घटना है, जिसके कारण भारत को ढाई सौ वर्ष गुलामी में बिताने पड़े। भारत की ढाई सौ वर्ष की गुलामी का समय अनेक विपत्तियों और शोषण का समय है। जब हम उन बीते हुए दिनों के पृष्ठ उलटने बैठ जाते हैं, तब हमारा हृदय एक तरफ उन विपत्तियों और अमानवीय संकटों को याद कर आठ-आठ आँसू बहाने लगता है और दूसरी ओर अपने देशवासियों की स्वार्थ-लिप्सा, उत्कोच-प्रवृत्ति, आपसी फूट, इत्यादि की याद दिला कर मन को आक्रोशित कर देता है।

अंग्रेज़

24 अगस्त, 1608 को कैप्टन हाकिन्स ताप्ती के मुहाने पर पहुँचा। अप्रैल, 1609 के मध्य वह मुगल दरबार में आगरा पहुँचा। वह तत्कालीन इंग्लैंड के सम्राट जेम्स का अकबर के नाम पत्र लाया था। वहाँ के लोगों को अकबर की मृत्यु की खबर नहीं थी। जहाँगीर ने तब न केवल हाकिन्स का स्वागत किया था बल्कि अंग्रेज़ों को सूरत में कोठियाँ बनवाने की इजाज़त भी दी थी।

पुर्तगालियों ने सूरत तथा आगरा के दरबारियों को अपनी तरफ मिला कर नवम्बर, 1611 ई० में जहाँगीर से अंग्रेज़ों को भारत छोड़ने के आदेश करवा दिये थे। परन्तु सर हेनरी मिडिलटन की सहायता से उसने 6 फरवरी, 1613, ई० को पुन: जहाँगीर से सूरत में कोठियाँ बनवाने, व्यापार करने तथा मुगल दरबार में अपना प्रतिनिधि रखने के आदेश प्राप्त कर लिये थे। इंग्लैंड के सम्राट ने सर टौमस रो को अपना पहला प्रतिनिधि बनाकर मुगल दरबार में भेजा था। वह शीघ्र ही जहाँगीर का कृपापात्र बन गया था और तीन बरस तक वह अजमेर, माँडू तथा इलाहाबाद में रहा था। फरवरी, 1619 में वह भारत से इंग्लैण्ड के लिए रवाना हुआ था। उसने भारत में अनेक स्थानों पर कारखाने स्थापित करने की आज्ञा प्राप्त कर ली थी। समुद्री शक्ति पर व्यर्थ व्यय की अपेक्षा उसने शान्तिपूर्वक कम्पनी को व्यापार करने की सलाह दी। आगामी सत्तर वर्ष का कम्पनी का इतिहास उसकी नीति के प्रतिपालन का इतिहास था। फलत: कम्पनी अबाध व्यापार करती रही।

31 दिसम्बर, 1600 ई० को तत्कालीन महारानी एलिज़ाबेथ ने पूर्वी देशों के साथ व्यापार करने के लिए लार्ड मेयर की अध्यक्षता में बनी 'ईस्ट इण्डिया कम्पनी' को अधिकार-पत्र प्रदान कर दिया। इस कम्पनी के पास उस समय कुल 68,373 पौंड राशि थी। 217 साझेदारों ने 31 दिसम्बर, 1600 ई० को इसकी स्थापना की।

ब्रूस के विवरण से यह स्पष्ट हो जाता है कि इस कम्पनी की स्थापना के पीछे उन लोगों का दृष्टिकोण यह था कि धूर्त तथा चालाक लोगों के सहयोग से धन कमाया जाये। उसका फल यह हुआ कि शीघ्र ही कम्पनी को दुगने से कहीं ज्यादा मुनाफा होने लगा।

पुर्तगाली

सन् 1497 ई० की बात है, जब पुर्तगाल के राजा एम्मानुल के संरक्षण में वास्कोडिगामा झईज़ वाले रास्ते का अनुसरण करते हुए मोज़म्बीक पहुँचा था। उसका सितारा बुलन्द था वहाँ उसे एक भारतीय मार्गप्रदर्शक की सहायता मिल गई, जिससे वह अप्रैल, 1498 में वहाँ से भारत के लिए चल पड़ा और 22 मई, 1498 में कालीकट (भारत) जा पहुँचा। वह तीन महीने भारत में रहा। कालीकट में राजा जमोरिन ने उसका शानदार स्वागत किया था।

वास्कोडिगामा का भारत-प्रवेश अरब वालों की आँखों में खटका, क्योंकि कोचीन व कालीकट प्रदेश में वहाँ की जनसंख्या को देखते हुए पर्याप्त चावल नहीं होता था। उनके लिए अन्न की व्यवस्था मुसलमानों के जलपोत कोरामण्डल तट से अन्न लाकर करते थे। इस समय इस प्रदेश में छोटे-छोटे सरदार थे, जो परस्पर लड़ते रहते थे। पुर्तगालियों ने इस फूट का लाभ उठाया। मुसलमानों के जलपोतों के स्थान पर उन्होंने अपने मज़बूत तथा प्रत्येक ऋतु में समुद्र में ठहर सकने वाले जलपोतों को उतारा। मुसलमान उनके सामने ठहर नहीं सके क्योंकि पुर्तगाली अपने जलपोतों पर से तोपखाने को प्रयोग कर सकते थे।

वास्कोडिगामा ने जब दूसरी बार भारत की धरती पर पाँव रखा तब उसने काफी सोच-समझ कर एक निश्चित उद्देश्य के लिए काम किया। अरबवालों के काफी विरोध करने पर भी उसने कालीकट, कोचीन

आदि स्थानों पर अपने व्यापारिक केन्द्र स्थापित किये। राजा जमोरिन ने कोचीन में पुर्तगालियों पर हमला भी किया, जिसमें उसकी पराजय हुई।

पुर्तगाल अधिकृत क्षेत्र का प्रथम वायसराय डी अल्मेडा था, जो 1509 ई० में अरबवालों से पराजित हुआ था और मारा गया था।

उसके बाद वायसराय बन कर अल्बुकर्क भारत आया। वह मेधावी, योद्धा तथा महत्वाकांक्षी था। उसने सन् 1510 ई० में गोवा जीता। फिर मलाक्का तथा ओर्मज को जीता और वहाँ शासन व्यवस्था में पुर्तगाली अफसर नियुक्त किये। हिन्दुओं को उसने सम्मान दिया और मुसलमानों की उपेक्षा की। पुर्तगालियों को भारतीय स्त्रियों से विवाह करने हेतु, उसने प्रोत्साहन दिया। वह हिन्दू तथा पुर्तगालियों के बीच समान रूप से लोकप्रिय था। जब सन् 1515 ई० में उसकी मृत्यु हुई तब दोनों को ही गहरा धक्का पहुँचा। इतिहासकार उसे भारत में पुर्तगाल साम्राज्य की नींव रखने वाला मानते हैं।

धीरे-धीरे पुर्तगालियों की शक्ति बढ़ती गई। वे दमन, दीव, आदि पर अपना अधिकार जमाने में सफल हुए। उन्होंने समुद्री मार्ग पर भी अधिकार जमा लिया था। पुर्तगालियों का गोवा पर अधिकार हो जाने से जहाँ उनका प्रभाव बढ़ा, वहाँ बीजापुर के साथ उनके सम्बंध बिगड़ गये।

पुर्तगालियों के प्रवेश से भारत की राजनीति पर कोई खास प्रभाव नहीं पड़ा। वे प्रसाधन वस्तुएँ तथा यूरोप की आधुनिक वस्तुओं के अलावा भारत में और कुछ नहीं बेच सके। हाँ, काली मिर्च का व्यापार वे यूरोप में अच्छा ज़रूर कर सके।

धीरे-धीरे पुर्तगालियों की शक्ति क्षीण होती गई। 1580 ई० में पुर्तगाल स्पेन का एक भाग बन कर रह गया। गोवा, दीव व दमन को छोड़ कर शेष सारा अधिकृत क्षेत्र उनके हाथ से निकल गया।

पुर्तगालियों ने यहाँ खूब रिश्वत ली थी। ईसाई धर्म को न मानने वालों पर अत्याचार किये। हिन्दू मन्दिरों को तोड़ा था। ज़बर्दस्ती भारतीयों को ईसाई बनाने के लिए प्रयास किया। इन कारणों से उनको मुँह की खानी पड़ी।

डच

सन् 1592 आम्स्टर्डम के व्यापारी वर्ग ने डच कम्पनी की स्थापना की। 1595 में कार्नीलियस हाउटमैन भारत की ओर रवाना हुआ। वह दो वर्ष बाद भारत से लौटा। उसके साथ काफी माल था। भारत से व्यापारिक सम्बंध जोड़ने वाली अनेक डच कम्पनियों को मिला कर सन् 1602 ई० में डच ईस्ट इण्डिया कम्पनी की स्थापना की गई। इस कम्पनी को पूर्वी भारत से व्यापार का एकाधिकार मिल गया। यह कम्पनी फौज रख सकती थी। संधि कर सकती थी। किले बना सकती थी। उपनिवेशों पर अधिकार कर सकती थी।

शुरू में डचों व अंग्रेज़ों में खूब पटी, क्योंकि दोनों प्रोटैस्टेंट विचारधारा के समर्थक थे। जबकि स्पेन तथा पुर्तगाल वाले कैथोलिक विचारधारा के थे। लेकिन ध्यान रहे इन दोनों — डचों तथा अंग्रेज़ों का उद्देश्य व्यापार पर एकाधिकार करना था। इसका परिणाम यह हुआ कि सन् 1623 में अम्बोयना में डचों तथा

अंग्रेज़ों के बीच घमासान युद्ध हुआ। अंग्रेज़ों को गरम मसाले वाले द्वीप को छोड़ कर भारत में आना पड़ा। डचों ने पुर्तगालियों से मलाक्का प्रदेश छीना था। सन् 1658 में श्रीलंका को भी जीत लिया था। मद्रास (तमिलनाडु) तट के अनेक प्रदेश जीतने पर भी डचों की स्थिति महत्वपूर्ण नहीं बन सकी थी।

डेनमार्क वासी

डेनमार्क वासी भी अन्य यूरोपीय व्यापारियों की तरह भारत में आये। सीरामपुर पर अधिकार किया। तञ्जौर व ट्रावनकोर को आबाद किया। लेकिन इनको इससे कोई खास तसल्ली नहीं हुई और सन् 1845 में ये अपने अधिकार क्षेत्र की भारतीय बस्तियों को ब्रिटिश सरकार को बेच कर भारत से पलायन कर गये।

फ्रांसीसी

आपको यह जानकर आश्यर्च होगा कि उस समय सारा यूरोप भारत पर आँख लगाये हुए था। सबकी दृष्टि भारत के अपार धन पर लगी हुई थी। उस समय का भारत व्यापार की दृष्टि से बहुत सम्पन्न था। प्रारम्भ में भारत के बने जलपोत सबसे अधिक मज़बूत माने जाते थे। काउण्टी जैसे विख्यात यात्री ने यह स्वीकार किया है कि भारत में उसने जितने विशाल जलपोत देखे उतने बड़े सारे यूरोप में उसने कहीं नहीं देखे। तब चीन, जापान और दक्षिणी अफ्रीका में चलने वाले अधिकांश जलपोत भारत-निर्मित हुआ करते थे।

भारत तब रेशमी कपड़ों का घर था। टर्की, ईरान, अरब, स्याम, अफ्रीका, अबीसीनिया, अमेरिका, इंग्लैंड तक भारतीय कपड़ा जाता था। लंका, बर्मा, मलाया, चीन, जापान, फिलीपाइन, आदि शहरों के

बाज़ार भारतीय कपड़ों से पटे हुए होते थे। भारत का बना कपड़ा सर्वोत्तम माना जाता था। बनावट तथा मज़बूती में उसका सानी नहीं था। पुर्तगाल के प्रसिद्ध यात्री पिरार्ड ने लिखा है :

सत्रहवीं शताब्दी के आरम्भिक वर्षों में भी भारत में कपड़ा व्यवसाय इतना अधिक होता था जो अफ्रीका तथा चीन में बड़ी मात्रा में फैला हुआ था। ये कपड़े करघे द्वारा तैयार होते थे और बंगाल में घर-घर में कपड़े बुने जाने के कारखाने थे।

विदेशी कपड़ा भारत के कपड़े के सामने न टिकाऊ था और न सुन्दर। लेकिन यूरोपीय जातियाँ बराबर भारत के ऐश्वर्य के प्रति आकृष्ट थीं और किसी न किसी तरह अपना उल्लू सीधा करना चाहती थीं। इससे सहज अनुमान लगाया जा सकता है कि विदेशों में, खासकर यूरोपीय देशों में भारत पहुँच कर मालामाल होने की बलवती इच्छा थी। फ्रांसीसियों ने भी अपने भाग्य आज़माने के लिए प्रयत्न किये। वहाँ भी फ्रांसीसी ईस्ट इण्डिया कम्पनी की स्थापना हुई। फ्रांस के सम्राट बारहवें लुई ने पूर्व में व्यापार करने हेतु इस कम्पनी को पूर्ण अधिकार दे दिये। सन् 1664 में कोल्बर्ट तथा चौदहवें लुई के नेतृत्व में पुनः एक नई कम्पनी की स्थापना हुई। कारण, पहले वाली फ्रांसीसी ईस्ट इण्डिया कम्पनी पूर्णतया असफल हो गई थी। इस नई कम्पनी को फ्रांस सरकार का संरक्षण पूर्णतया प्राप्त हुआ। फ्रांसीसी-अधिकृत भारतीय प्रदेशों की रक्षा का भार फ्रांस की सरकार ने स्वयं अपने ऊपर ले लिया।

दिसम्बर, सन् 1667 में इस कम्पनी के डायरेक्टर जनरल फ्रांसिस केरन ने सूरत में पहला फ्रांसीसी कारखाना प्रारम्भ कराया, उसके दो साल बाद मछलीपट्टम में दूसरा कारखाना खुलवाया। इस कारखाने के खोलने में न केवल गोलकुण्डा के नवाब ने सहायता की, अपितु निर्यात-करो में छूट देकर इस कारखाने की जड़ें भी मज़बूत कीं।

इस कम्पनी का दूसरा डायरेक्टर जनरल फ्रांसिस मार्टिन बना। पाण्डिचेरी की बस्ती की स्थापना उसी ने की थी। वह पाण्डिचेरी का गवर्नर भी बना था। सन् 1739 तक बालासोर, माही (मालाबार तट पर) चन्द्रनगर, कासिम बाज़ार तथा कोरामण्डल तट पर करीकल फ्रांसीसी अधिकार में आ चुका था। यहाँ उनकी कोठियाँ तथा किले बन चुके थे।

इस प्रकार यूरोपीय देशों ने भारत में व्यापार करने तथा भारतीय व्यापार को खत्म करने की शुरुआत भारत में की। यहाँ की आपसी फूट से लाभ उठाया और चालाकी तथा धूर्तता से अपना काम निकाला। कहना चाहिए इन लोगों ने भारतीय जीवन में खतरनाक विष बोना शुरू कर दिया। हालाँकि ईस्ट इण्डिया कम्पनी के पाँव मज़बूत करने के लिए ही यूरोपीय जातियाँ भारत में आती रहीं, लेकिन उनमें से जो न्यायप्रिय, ईश्वरभक्त तथा ईमानदार थे, उनको कम्पनी का अत्याचार बर्दाश्त नहीं हुआ।

2 विदेशी कम्पनियों में तनातनी

भारत में स्थापित इन विदेशी कम्पनियों में आपस में तनातनी शुरू हो गई, क्योंकि इनमें से हरेक व्यापार पर अपना एकाधिकार चाहता था। यह तो हम आपको बतला चुके हैं कि अंग्रेज़ी ईस्ट इण्डिया कम्पनी एक गैर–सरकारी उद्योग था जबकि फ्रांसीसी ईस्ट इण्डिया कम्पनी एक तरह से सरकारी संरक्षण में थी। फ्रांसीसी कम्पनी की अपेक्षा अंग्रेज़ी कम्पनी सुदृढ़ थी और व्यापार करने में बहुत कुशल थी। उसका कार्यक्षेत्र भी अपेक्षाकृत व्यापक था। फ्रांसीसी कम्पनी तो एक बार उखड़ भी चुकी थी। उसके मार्ग में अनेक कठिनाइयाँ थीं। इसलिए यह स्वाभाविक था कि उसे जमने के लिए स्थितियों को अपने अनुकूल मोड़ना था और अंग्रेज़ी कम्पनी के प्रभाव को कम करना था।

प्रथम युद्ध

प्रथम युद्ध (1746–48) के समय डुप्ले पाण्डिचेरी का गवर्नर था। डुप्ले ने मारिशस के गवर्नर ला बौर्डोना की सहायता प्राप्त की थी। वह नौसेना लेकर कोरामण्डल के तट पर आ पहुँचा था। कुछ समय तक फ्रांसीसियों तथा अंग्रेज़ों की सेना के बीच युद्ध चलता रहा। अचानक अंग्रेज़ सेना लंका की ओर रवाना हो गई। इससे डुप्ले ने अपनी स्थिति को सुदृढ़ समझा और ला बौर्डोना को मद्रास की घेराबन्दी करने के लिए कहा। अंग्रेज़ कर्नाटक के नवाब अनवारुद्दीन के पास पहुँचे। डुप्ले ने मद्रास को जीत कर नवाब अनवारुद्दीन को सौंपने का वायदा किया। नवाब मान गया और मद्रास को वह अपने अधीन कर लेने में सफल हो गया। इस वक्त डुप्ले तथा ला बौर्डोना के बीच मतभेद पैदा हो गया। फलतः ला बौर्डोना ने अंग्रेज़ों से एक लाख पागेडे (सिक्के) का उत्कोच लेकर मद्रास लौटा दिया। डुप्ले ने पुनः मद्रास जीता और वह नवाब को लौटाने से साफ़ मुकर गया।

नवाब अनवारुद्दीन ने डुप्ले की इस चाल से नाखुश होकर अपनी सेना भेजी। मद्रास के नज़दीक अडियार में दोनों सेनाओं के बीच घमासान युद्ध हुआ। इस युद्ध में नवाब की सेना की पराजय हुई।

इस प्रथम युद्ध का परिणाम यह हुआ कि ऐक्स-ला-शिपेल की संधि के कारण, मद्रास अंग्रेज़ों को लौटाना पड़ा और फ्रांसीसियों को उत्तरी अमेरिका में लुइबर्ग मिल गया।

द्वितीय युद्ध

ऐक्स-ला-शिपेल की संधि से अंग्रेज तथा फ्रांसीसी व्यापारी शान्तिपूर्वक भारत में रहेंगे, यह आशा की गई थी, लेकिन ऐसा हुआ नहीं। डुप्ले महत्वाकांक्षी व्यक्ति था। उसने भारतीय राजनीति में दखल देने की ठान ली थी। आसफजाह निज़ामुल्मुल्क की मृत्यु से तख्त के लिए उसके द्वितीय पुत्र नासिरजंग और उनके नाती मुज़फ्फरजंग (आसफजाह की पुत्री का पुत्र) में संघर्ष शुरू हो गया था। डुप्ले के लिए यह अच्छा मौका था। वह भारत की राजनीति में आसानी से हस्तक्षेप कर सकता था। यद्यपि गद्दी पर नासिरजंग को बिठाया जा चुका था तथापि उसका नाती अपने को हैदराबाद की गद्दी का उत्तराधिकारी बतला रहा था। उसे मुगल सम्राट ने वहाँ का सूबेदार बनाया है, वह अपने पक्ष में यह प्रचार कर रहा था।

ठीक इसी प्रकार की स्थिति कर्नाटक में थी। दोस्तअली के बाद अनवारुद्दीन वहाँ का नवाब हुआ। लेकिन उससे लोग अप्रसन्न थे और वे दोस्तअली के दामाद चंदा साहब को वहाँ का नवाब बनाना चाहते थे। मुज़फ़्फ़रजंग चंदा साहब से मिल गया। डुप्ले ने चंदा साहब तथा मुज़फ़्फ़रजंग दोनों से संधि कर ली। उधर अंग्रेज़ नासिरजंग की सहायता करने के लिए राज़ी हो चुके थे।

घमासान युद्ध हुआ। नासिरजंग जीता। मुज़फ़्फ़रजंग पकड़ा गया। उसे बंदी बना लिया गया। लेकिन होनहार बलवती हुई। नासिरजंग की सेना ने उसका साथ नहीं दिया और वह मारा गया। मुज़फ़्फ़रजंग ने पचास हज़ार पौण्ड कम्पनी को नगद दिया। साथ में जागीर भी दी। उधर चंदा साहब को अर्काट का नवाब स्वीकार कर लिया गया। अब मुज़फ़्फ़रजंग हैदराबाद का नवाब बन चुका था। इस युद्ध में फ्रांसीसी कम्पनी को भरपूर उपहार मिले। साथ में जागीर भी मिली। अब उसके प्रभाव में कर्नाटक और हैदराबाद दोनों आ चुके थे।

अंग्रेज़ों को यह बर्दाश्त नहीं हुआ। अनवारुदीन के मारे जाने पर उसके पुत्र मुहम्मद अली ने त्रिचनापल्ली के किले में शरण ली। अंग्रेज़ों ने उसकी मदद की। फ्रांसीसी सेना ने त्रिचनापल्ली की घेराबन्दी की। लेकिन अंग्रेज़ों के दखल के कारण वे सफल नहीं हो सके। वास्तव में इस वक्त अंग्रेजों की स्थिति बहुत पतली थी। त्रिचनापल्ली के पतन में कोई देर नहीं दिखलाई दे रही थी। इस विषम परिस्थिति में क्लाइव भारत आया। उसकी सूझ-बूझ से फ्रांसीसी सेना के पाँव लड़खड़ा गये, क्योंकि उसने अंग्रेज़ सेना

को लेकर अर्काट की घेराबन्दी शुरू कर दी। फलतः फ्रांसीसियों को अर्काट की रक्षा के लिए त्रिचनापल्ली से हटने के लिए विवश होना पड़ा।

परिणामतः अर्काट पर से फ्रांसीसी प्रभाव का सूर्यास्त हो गया। युद्ध में चंदा साहेब खेत रहे और मुहम्मद अली नवाब बना। डुप्ले की नीति-चातुर्य चारों खाने चित हो गई। फ्रांसीसी सरकार ने सन् 1754 में उसे वापिस बुला लिया। उसकी जगह गोडेहियू ने संभाली।

इस युद्ध के बाद दोनों कम्पनियों के बीच यह समझौता हुआ कि वे भारत के राजनीतिक झंझटों में तटस्थ बनी रहेंगी। अंग्रेज़ तथा फ्रांसीसी इस संधि के मुताबिक अपनी पुरानी स्थिति में लौट गये। इससे अंग्रेज़ों को बहुत लाभ हुआ। डुप्ले, जो कि भारत से लौट गया था, इस संधि से बहुत दुखी हुआ। उसने इसे 'देश का नाश व जाति के लिए अपमान' बतलाया।

तृतीय युद्ध

वास्तव में अंग्रेज़ों तथा फ्रांसीसियों के बीच हुई यह संधि महज़ एक शान्ति का बहाना था। अन्दर ही अन्दर दोनों अपनी स्थिति सुदृढ़ करने में लगे हुए थे। सन् 1756 में जब यूरोप में सात वर्षीय युद्ध प्रारम्भ हुआ तब दोनों जातियाँ भारत में आमने-सामने आ गईं। फ्रांस सरकार ने अपनी खोयी हुई प्रतिष्ठा को प्राप्त करने हेतु —गवर्नर तथा कमाण्डर इन चीफ़ के रूप में काउण्ट लाली को भारत भेजा। उसके साथ फौज भी भेजी। अंग्रेज़ों ने समुद्री मार्गों पर अच्छा प्रभाव व आतंक जमाया हुआ था। इसलिए काउन्ट लाली को भारत तक पहुँचने में बहुत कठिनाइयों का सामना करना पड़ा। आते-आते की उसने सेंट डेविड के किले पर अधिकार कर लिया। इसी समय उसने दक्षिण से बुस्से को बुलवा कर बहुत बड़ी गलती की, क्योंकि इसके फलस्वरूप दक्षिण भारत में फ्रांसीसियों का प्रभाव समाप्त हो गया था। उसने मद्रास जीतना चाहा, जिसमें उसको पराजय का मुँह देखना पड़ा। हार कर वह पाण्डिचेरी लौट आया।

वह वैण्डीवाश के युद्ध (जनवरी 1767) में सर ऐरकूट से बुरी तरह पराजित हुआ। यह युद्ध निर्णायक सिद्ध हुआ। बुस्से बन्दी बना लिया गया। काउण्ट लाली ने पाण्डिचेरी में हथियार डाल दिये। पेरिस संधि के बाद फ्रांस की बस्तियों पर फ्रांसीसियों का अधिकार हो गया परन्तु उनसे दुर्ग रचना का अधिकार छीन लिया गया। वे अब शक्तिहीन थे। डुप्ले ने जो देखा था वह स्वप्न खत्म हो गया, जिसके लिए उसने भारतीय राजनीति में दखल देने की नीति को अपनाया था।

यह सब 1763 तक हो चुका था। डुप्ले की मृत्यु 1764 में हुई थी।

3 बंगाल की दीवानी के लिए ईस्ट इण्डिया कम्पनी की जोड़-तोड़

अब अंग्रेज़ों की स्थिति काफी सुदृढ़ हो चुकी थी। यूरोपीय कम्पनियों में उनका सामना करने की पहले जैसी शक्ति नहीं रह गई थी। दूसरे, राजाओं और नवाबों पर भी उनका प्रभाव जम चुका था।

औरंगज़ेब का देहान्त हो गया था। मुगल सल्तनत बिखरने लगी थी। सूबेदार स्वतंत्र होने की तैयारी कर रहे थे।

बंगाल पर मुगलों का अधिकार था। परन्तु मुगलों की कमज़ोरी से लाभ उठा कर अलीवर्दी खाँ ने बलपूर्वक बंगाल पर आधिपत्य जमा लिया था। वह वहाँ का नवाब बन बैठा था।

अलीवर्दी खाँ तुर्क था। वह उद्‌भट योद्धा था। उसको दिल्ली दरबार से 'महावतजंग' की उपाधि मिली थी। बाद में उसने मुगल सम्राट को दो करोड़ रुपया भेंट करके खुश कर लिया था।

वह बंगाल का नवाब बनने के बाद से अर्थात् सन् 1740 से लगातार मराठों से जूझता रहा। मराठों को उसने चुप करने के लिए उड़ीसा सौंप दिया था। साथ में छह लाख रुपया वार्षिक चौथ के रूप में देना भी स्वीकार कर लिया था।

अंग्रेज़ों से उसकी दोस्ती रही थी। जहाँगीर तथा शाहजहाँ से अंग्रेज़ों ने चुंगी मुआफ़ कराने की जो माँग की थी, वह अपने देश से लाने वाले माल पर थी। लेकिन अब उन्होंने किसी प्रकार की चुंगी देने से साफ़ इनकार कर दिया था। फलस्वरूप अलीवर्दी खाँ का खज़ाना खाली होने लगा।

अंग्रेज़ अन्दर ही अन्दर राजनीति में हिस्सा ले रहे थे। उनको बंगाल के सूबेदार से गोविन्दपुर, कालीकत्ता और सूता नदी नामक जो तीन ग्राम मिले थे, उनको जोड़ कर उन्होंने खासा कलकत्ता शहर बसा लिया था। इसके साथ ही मज़बूत किला भी बना लिया था। एक किला उन्होंने मद्रास में भी बना लिया था। फ्रांसीसियों की देखादेखी उन्होंने नवाबों के यहाँ अपनी फौज रखनी शुरू कर दी थी। अब वे व्यापार तथा शहर की रक्षा के लिए अपने-आपको स्वावलम्बी अनुभव करने लगे थे।

अलीवर्दी खाँ की तीन पुत्रियाँ थीं। पुत्र कोई नहीं था। उसने अपनी सबसे छोटी लड़की के पुत्र सिराजुद्दौला को अपना उत्तराधिकारी नामज़द कर दिया था। इससे दोनों दामाद नाराज़ हो गये थे और षड्यंत्रों में हिस्सा लेने लगे थे।

अन्त समय में अलीवर्दी खाँ बहुत शान्तिप्रिय व्यक्ति हो गया था। उसकी इस कमज़ोरी से उसके आसपास के सगे-सम्बन्धियों तथा दरबारियों ने लाभ उठाया और वे कुचक्र रचने लगे। चारों तरफ़ का वातावरण अशान्त हो उठा। उसने 10 अप्रैल, 1756 को प्राण छोड़ दिये।

बंगाल की गद्दी पर उसका मनोनीत उत्तराधिकारी सिराजुद्दौला बैठा। उस समय उसकी अवस्था 24 वर्ष की थी। अलीवर्दी खाँ की सबसे छोटी पुत्री पटना के सूबेदार की विधवा थी। सिराजुद्दौला को अलीवर्दी खाँ बहुत प्यार करता था। अलीवर्दी खाँ की सबसे बड़ी लड़की का विवाह पूर्णिया के सूबेदार के साथ हुआ था। उसका पुत्र शौकतजंग था, जिसे अलीवर्दी खाँ चाहता तो था लेकिन सिराजुद्दौला से कम। शौकतजंग भी नवाब बनना चाहता था। उसे अपनी माँ तथा दीवान राजवल्लभ का समर्थन मिला हुआ था। इन तीनों ने — शौकतजंग, उसकी माँ तथा दीवान राजवल्लभ — सत्ता के लिए अन्दर ही अन्दर संघर्ष शुरू कर दिया था।

इधर अंग्रेज़ों ने बिना अनुमति के बंगाल में अपनी बस्तियों में किले बनाने का काम ज़ोर-शोर से शुरू कर दिया था। नवाब सिराजुद्दौला को अंग्रेज़ों की यह बात नागवार लगी और उसने किलों को गिराने का आदेश दे दिया। अंग्रेज़ों ने उस आज्ञा का खुला उल्लंघन किया। नवाब को उन पर आक्रमण करने का बहाना मिल गया। जगतसेठ तथा कलकत्ता का प्रसिद्ध व्यापारी अमीचंद भी सिराजुद्दौला के खिलाफ थे। अमीचंद पंजाबी था और अंग्रेज़ों की मदद कर रहा था। उसकी मदद से कर्नल स्काट ने बड़े-बड़े हिन्दू राजाओं तथा रईसों को अपनी ओर मिलाने में सफलता पाई थी।

चन्द्रनगर में फ्रांसीसियों की सरगर्मियाँ भी तेज़ हो चली थीं। वे किले बनाने में जुट गये थे।

अलीवर्दी खाँ स्वाभिमानी और पराक्रमी था। लेकिन बहुत बूढ़ा होने के कारण वह अंग्रेज़ों की गतिविधियों को समझते हुए भी उनका कुछ बिगाड़ नहीं सका। लेकिन सिराजुद्दौला को अपने मरने से पूर्व वह अंग्रेजों से सावधान रहने की नसीहत ज़रूर दे गया था।

अंग्रेज़ों की इतनी हिम्मत खुल गई थी कि वे नवाब के दरबारी और शत्रु को अपने यहाँ पनाह देने लगे थे। अनेक सेठ-साहूकारों को उन्होंने शरण देनी शुरू कर दी। नवाब की वे रत्ती-भर भी परवाह नहीं करते थे।

सिराजुद्दौला के लिए यह समय बहुत नाजुक था। वह दूरदर्शी था। जानता था कि वह चारों ओर से शत्रु से घिरा हुआ है। उसने सबसे पहले आन्तरिक सुरक्षा को सुदृढ़ करने की दृष्टि से अपनी मौसी घसीटा बेगम की जागीर ज़ब्त कर ली और महल में ही उसे नज़रबन्द कर दिया। इसके बाद उसने पूर्णिया के सूबेदार शौकतजंग की ओर विशाल सेना लेकर चढ़ाई कर दी। शौकतजंग घबरा उठा। उसने सिराजुद्दौला को बहुमूल्य चीज़ें उपहार में दीं और उसे नवाब के रूप में मानना स्वीकार कर लिया।

इधर घसीटा बेगम, दीवान राजवल्लभ तथा उसका लड़का कृष्णवल्लभ कलकत्ता में अंग्रेज़ों की शरण में जा पहुँचे। कृष्णवल्लभ तो शाही खज़ाना लेकर शरण में आया था। सिराजुद्दौला ने कलकत्ता के अंग्रेज़ सूबेदार को लिखा कि वह उन राजद्रोहियों को उन्हें सौंप दे। परन्तु उसने एक नहीं सुनी।

इस दरम्यान शौकतजंग ने मुगल सम्राट से बंगाल की नवाबी की सनद प्राप्त कर ली। फलत: सिराजुद्दौला ने उसे सबक सिखलाने हेतु उस पर आक्रमण कर दिया, जिसमें शौकतजंग बुरी तरह से पराजित हुआ।

अब सिराजुद्दौला ने अपना ध्यान अंग्रेज़ों तथा फ्रांसीसियों की ओर दिया। अंग्रेज़ों के माल पर चुंगी नहीं लगती थी — उनकों छूट मिली हुई थी। अंग्रेज़ इस छूट का नाजायज़ लाभ उठा रहे थे। वे देशी व्यापारियों को अपने हस्ताक्षर कर एक पर्ची दे दिया करते थे कि अमुक व्यापारी उनका माल ले जा रहा है। इसी समय यूरोप में अंग्रेज़ों तथा फ्रांसीसियों के बीच युद्ध होने के आसार नज़र आने लगे थे। ये दोनों

अच्छी तरह से इस बात को समझते थे कि सिराजुद्दौला उनसे युद्ध का बहाना ढूँढ़ रहा था। बंगाल में अंग्रेज़ तथा फ्रांसीसी दोनों ही सैनिक तैयारियों में जुट गये थे। किलेबन्दियों का काम शुरू हो चुका था। सिराजुद्दौला ने उसके लिए उनको रोकना चाहा, परन्तु उन पर उसकी इस बात का कोई असर नहीं हुआ। वे बराबर देशी व्यापारियों को रिश्वत लेकर पर्ची काटते रहे और किलेबन्दी पूर्ववत् ही करते रहे। शौकतजंग को रौंदने को जाते हुए उसने अंग्रेज़ों को किलेबन्दी तुरन्त रोकने का आदेश दिया था। वह शौकतजंग को परास्त कर शीघ्र की मुर्शिदाबाद लौट आया। क्योंकि उसे खबर मिली थी कि अंग्रेज़ उसके आदेश को मानने के लिए तैयार नहीं हैं।

24 जून, 1756 को सिराजुद्दौला ने कासिम बाज़ार के लिए अपनी सेना रवाना कर दी थी ताकि अंग्रेज़ों की कोठियों को घेरा जा सके। अंग्रेज़ों की तोपों का प्रभाव कुछ खास नहीं हुआ। उनको मात खानी पड़ी। अंग्रेजी अफसर वाटसन ने कोठी सिराजुद्दौला के हवाले कर दी। अंग्रेज़ कलकत्ता में भी उसकी सेना से पराजित हुए। अनेक अंग्रेज़ों ने आत्मसमर्पण कर दिया। इस प्रकार फोर्ट विलियम पर सिराजुद्दौला का अधिकार हो गया था।

काली कोठरी

बहुत आसानी से सिराजुद्दौला ने कासिम बाज़ार के अंग्रेज़ी कारखानों को अपने अधिकार में ले लिया था। कलकत्ता की मामूली-सी इस लड़ाई में 'काली कोठरी' कहानी ने अपना रंग दिखलाया। प्राय: सभी अंग्रेज़ इतिहासकारों ने इस 'काली कोठरी' पर डटकर कलम चलायी और यह सिद्ध किया कि नवाब के सैनिकों ने जघन्य अपराध किया था।

अंग्रेज़ों की इस कोठी के अन्दर एक छोटी कोठरी थी। इस कोठरी का उपयोग कर्ज़दारों, भारतीय अपराधियों तथा राष्ट्रद्रोही अंग्रेज अफसरों को बन्द करने के लिए किया जाता था।

यह कोठरी 18 फुट लम्बी तथा 14 फुट 10 इंच चौड़ी थी। जून तप रहा था। इस 'काली कोठरी' में 146 व्यक्तियों को बंद किया गया था। इनमें एक युवती भी थी। फलत: 123 व्यक्ति दम घुट जाने के कारण मर गये। कुल 23 व्यक्ति शेष रहे थे। शेष व्यक्तियों में हालवेल भी था। हालवेल ने इस दुर्घटना का वर्णन किया हैं। इसके अतिरिक्त और कहीं इस घटना का वर्णन नहीं मिलता है। इस दुर्घटना को 'ब्लैक होल' के नाम से याद किया जाता है।

सभी निष्पक्ष इतिहासकार इस दुर्घटना को एक मत से कल्पित मानते हैं। वास्तव में अंग्रेज़ों में आक्रोश तथा उत्तेजना पैदा करने के लिए इस कल्पित कहानी को हवा दी गई थी। इसके पीछे उनका उद्देश्य नवाब को बदनाम करना था। हालवेल ने अपनी तरक्की के लिए भी इस दुर्घटना का प्रचार किया था, ऐसा माना जाता है।

4

क्लाइव का आगमन

सिराजुद्दौला निर्दयी नहीं था। फिर ऐसा करने के पीछे उसका कोई उद्देश्य भी नहीं था। अंग्रेज़ इस झूठे प्रचार से लाभ उठाना चाहते थे। मद्रास में जैसे ही इस घटना के सम्बंध में मालूम पड़ा वैसे ही एडमिरल वाटसन तथा क्लाइव को बंगाल भेजा गया ताकि वे वहाँ पहुँच कर नवाब को खासा पाठ पढ़ा सकें।

वास्तव में अभी तक सिराजुद्दौला को घर में सफलता नहीं मिली थी। वहाँ अन्दर ही अन्दर षड्यंत्र चल रहे थे। बेहद आन्तरिक कलह था। कलकत्ता की कोठी पर अधिकार करने के बाद सिराजुद्दौला ने उसकी सुरक्षा के लिए कुछ भी नहीं किया।

उधर क्लाइव तथा गुप्तचरों ने मिल कर नवाब के विरुद्ध वातावरण तैयार करना शुरू कर दिया। यहाँ तक कि दरबार के दबंग सेनापतियों, व्यापारियों तथा सेठों को अपनी ओर फोड़ने में अंग्रेज़ सफल हो गये। कुछ सामन्त भी अंग्रेज़ों की तरफ चले आये थे। सिराजुद्दौला इन षड्यन्त्रों से अनभिज्ञ था। राजा मानिकचन्द, जिस पर कलकत्ता के किले का दायित्व था, अंग्रेज़ों से मिल चुका था। अंग्रेज़ों ने अत्यन्त विनम्र होकर नवाब से प्रार्थना करनी शुरू कर दी कि उन्हें पुनः बंगाल में व्यापार करने की अनुमति दी जाये।

क्लाइव व एडमिरल वाटसन के नेतृत्व में आई अंग्रेज़ी सेना ने तुरन्त ही कलकत्ता पर आधिपत्य कर लिया, क्योंकि राजा मानिकचन्द ने अंग्रेज़ों के साथ मात्र औपचारिक युद्ध किया था।

नवाब ऐसी स्थिति में नहीं था कि अंग्रेज़ों को वहाँ से बाहर खदेड़ सके। अतः अंग्रेज़ों के साथ उसे 9 फरवरी, 1757 को अलीनगर की संधि करनी पड़ी। इस संधि के अनुसार अंग्रेज़ों को पुरानी व्यापारिक सुविधाएँ प्रदान की गईं और एक भारी रकम उनको देनी पड़ी। इसका परिणाम यह हुआ कि अंग्रेज़ों ने किलेबन्दी फिर से शुरू कर दी और सेना भी बढ़ा ली। उनकी स्थिति पहले से बहुत अच्छी हो गई।

सिराजुद्दौला का यहाँ से पतन-काल शुरू हो गया। वह

जानता था कि यदि वह इस वक्त अंग्रेज़ों से युद्ध ठान ले तो उसके साथी दरबारी तथा सेनापति उसे धोखा देंगे और उसे पराजय का मुँह देखना पड़ेगा। वह समय चाहता था जिससे वह अपनी स्थिति संभाल सके। लेकिन उसकी यह इच्छा कभी पूरी नहीं हो सकी।

सप्तवर्षीय युद्ध

यूरोप में सप्तवर्षीय युद्ध छिड़ गया। फ्रांस और ब्रिटेन यूरोप में एक–दूसरे के विरुद्ध थे। इसका प्रभाव भारत में यह पड़ा कि अंग्रेज़ों ने चन्द्रनगर पर धावा बोल दिया। चन्द्रनगर में फ्रांसीसी थे। सिराजुद्दौला की वह प्रजा थे। उसको उनकी रक्षा करनी चाहिए थी। लेकिन उसे अहमदशाह अब्दाली के बंगाल पर आक्रमण करने की आशंका थी और अंग्रेज़ों तथा अब्दाली दोनों से युद्ध कर सकने लायक उसकी स्थिति नहीं थी। यह सोचते हुए उसने चन्द्रनगर की रक्षा नहीं की। अंग्रेज़ों का उस पर अधिकार हो गया। इससे अंग्रेज़ों के प्रतिद्वन्द्वी फ्रांसीसियों की स्थिति बहुत पतली हो गई। फ्रांसीसी सिराजुद्दौला के विरुद्ध हो गये। हालांकि उसने चन्द्रनगर से भागे हुए फ्रांसीसियों को अपने यहाँ शरण दी थी। लेकिन उससे उसे कोई लाभ मिलने वाला नहीं था। उसने फ्रांसीसियों की मदद न कर बहुत बड़ी गलती की थी जिसका परिणाम उसे निकट भविष्य में ही भोगना पड़ा।

षड्यंत्र

फ्रांसीसियों को शरण देने के कारण अंग्रेज़ सिराजुद्दौला से नाराज़ हो उठे और वे उसे इसका दंड देने की तैयारी में जुट गये। नवाब ने बुस्से से सहायता मांगी थी। अंग्रेज़ों को यह डर था कि वह फ्रांसीसियों से मिल कर कहीं उन्हें बंगाल से बाहर निकालने का प्रयत्न न करे। सिराजुद्दौला की शक्ति से अंग्रेज़ डरते थे।

क्लाइव ने इस समय की स्थिति का जायज़ा लेकर षड्यंत्रों की राजनीति का सहारा लिया। वह बंगाल का नवाब सिराजुद्दौला के स्थान पर ऐसा व्यक्ति चाहता था जो उनके इशारों पर नाचे। इसलिए उसने सिराजुद्दौला को नवाबी से हटाने के लिए षड्यंत्रों की व्यूहरचना शुरू कर दी।

क्लाइव ने नवाब के सेनापति मीर जाफ़र, नवाब के कोषाध्यक्ष रायदुर्लभ और सबसे बड़े सेठ तथा बैंकर जगतसेठ को अपनी तरफ फोड़ लेने के लिए अमीचन्द की मार्फ़त काम शुरू किया। यार लतीफखाँ नवाब के यहाँ सेना में एक अच्छे पद पर था। उसका प्रभाव सेना में अच्छा था। वह भी बंगाल के नवाब बनने के स्वप्न देख रहा था। अंग्रेज़ों ने उसे भी अपनी तरफ तोड़ लिया था।

षड्यंत्र की शर्तें अमीचन्द के द्वारा उनके बीच तय की गईं। तय हुआ कि क्लाइव प्लासी की ओर कूच करेगा। मीर जाफर नवाब का साथ छोड़ कर अपने अधीन सारी सेना लेकर क्लाइव से प्लासी में मिल जाएगा। यार लतीफ़खाँ भी उसके साथ होगा।

इसके बदले में मीर जाफ़र को बंगाल का नवाब बना दिया जाएगा। नवाब बनते ही वह अंग्रेज़ों को कासिम बाजार, ढाका तथा कलकत्ता में किलेबन्दी की अनुमति प्रदान करेगा। फ्रांसीसी बस्तियों पर भी अंग्रेज़ों का आधिपत्य हो जाएगा। युद्ध के खर्चे के रूप में वह अंग्रेज़ों को एक करोड़ रुपया भी देगा।

इन सब बातों के तय हो जाने के बाद अमीचन्द ने, जिसके द्वारा यह गुप्त संधि तय की गई थी, आँख फेरनी शुरू कर दी। उसने संधि की पोल खोलने की धमकी अंग्रेज़ों को दी। इससे अंग्रेज़ घबरा उठे। परन्तु चालाक तथा मक्कार क्लाइव ने बड़ी सूझ-बूझ से काम किया। अमीचन्द चाहता था कि संधि में धनराशि का स्पष्ट उल्लेख होना चाहिए। उसे 30 लाख रुपया चाहिए था। क्लाइव ने वक्त आने पर उसे मज़ा चखाने की सोचते हुए संधिपत्र उसके मुताबिक तैयार करवाये। उसने संधिपत्र की दो प्रतियाँ क़ागज़ तैयार करवाईं। एक प्रति सफेद कागज़ पर और दूसरी प्रति लाल कागज़ पर। सफेद कागज़ वाले संधिपत्र में अमीचन्द को 30 लाख रुपये देने का जिक्र नहीं किया गया, परन्तु लाल कागज़ वाले संधिपत्र में उसको 30 लाख रुपये देने का ज़िक्र किया गया।

एडमिरल वाटसन इस प्रकार की धूर्तता के खिलाफ़ था। क्लाइव ने जब उससे इस संधिपत्र पर हस्ताक्षर करने के लिए कहा तब उसने हस्ताक्षर करने से साफ़ इनकार कर दिया।

क्लाइव के सामने यह नया संकट उभर आया। उसे लगा कि उसका रचा व्यूह-चक्र बेकार हो जाएगा और फिर उस पर कोई यकीन नहीं करेगा। इससे अंग्रेज़ी शक्ति पर वज्रप्रहार होगा। अतः उसने उन संधिपत्रों पर वाटसन के हस्ताक्षर एक अन्य व्यक्ति से करवा लिये।

यह वही क्लाइव था जो इंग्लैंड की सड़कों पर पानी रोक कर शैतानियाँ किया करता था। वह आवारा तथा शरारती था। हम पहले ही जान चुके हैं कि कम्पनी ने ऐसे आदमियों को अपने यहाँ नौकरी दी थी जो धूर्त, चालाक और मक्कार थे, जिन्हें अन्याय व अत्याचार करने में तनिक भी सोचना नहीं पड़ता था। इसलिए क्लाइव के इस काम की निंदा करने की अपेक्षा उसे औचित्य के नाम पर स्वीकार कर लिया गया। कम्पनी को क्लाइव की इस धूर्तता पर गौरव का अहसास हुआ।

4 जून, 1757 की दोपहर को मीर जाफ़र तथा सिराजुद्दौला के अन्य विरोधियों के बीच इस संधिपत्र पर हस्ताक्षर हो गये।

देश को बेचने वालों के भ्रष्ट चरित्र का यह सिलसिला आजादी प्राप्त करने के बाद भी चलता रहा। हमारी इन गलतियों का परिणाम देश को एक लम्बे समय तक भोगना पड़ा। अंग्रेज़ों ने, जिनको चरित्र की दृष्टि से आज भी हम महान् समझते हैं, हमारे साथ किस प्रकार से विश्वासघात किया और भ्रष्ट चरित्र का कैसा परिचय दिया है, उसके अनगिनत उदाहरण जगह-जगह मिलेंगे।

जब यह सब तय हो चुका था तब क्लाइव ने सिराजुद्दौला से युद्ध छेड़ने का बहाना तलाश करना शुरू कर दिया। क्लाइव ने सिराजुद्दौला को एक पत्र लिखा, जिसमें उसने संयत तथा विनम्र भाषा में अंग्रेज़ों के कष्टों की मनगढ़न्त कहानी पेश करते हुए उसे इसके लिए जिम्मेदार ठहराया। उसने नवाब पर यह आरोप भी लगाया कि उसने अलीनगर की संधि को भंग किया है।

क्लाइव सिराजुद्दौला को न तो तैयारी का वक्त देना चाहता था और न उसके पत्र के उत्तर की प्रतीक्षा करना चाहता था। पत्र भेजना तो मात्र औपचारिकता थी। उसे तो युद्ध ठानना था। इसलिए वह सेना के साथ प्लासी की तरफ बढ़ने लगा। उसे तो जल्दी से जल्दी नवाब की राजधानी की तरफ पहुँचना था। यद्यपि क्लाइव को इस वक्त नवाब से न लड़ने की सलाह दी गई थी तथापि उसने उन ठण्डे परामर्शों की परवाह नहीं की और वह साहस के साथ आगे बढ़ता गया।

क्लाइव और प्लासी का युद्ध

प्लासी के मैदान में दोनों सेनाओं का आमना-सामना हुआ। इस वक्त तक प्राय: युद्ध शहर से बाहर खुले मैदानों में लड़े जाते थे। हालांकि इसके अपवाद भी हैं। लेकिन बहुत कम।

प्लासी एक गाँव का नाम था जिसके चारों ओर भट्टी की डौली बंधी हुई थी। मुर्शिदाबाद से यह मैदान 20 मील दूर था। इसके पास आमों का एक घना बाग था जिसकी लम्बाई 800 गज़ और चौड़ाई 300 गज़ थी।

प्लासी का युद्ध अंग्रेज़ों तथा सिराजुद्दौला के बीच हुआ था। सिराजुद्दौला 50,000 सैनिक लेकर इस मैदान में उतरा था। उसकी सेना में 18,000 घुड़सवार और 53 तोपें थीं। इसके अलावा मीर जाफ़र की 45,000 सेना और थी। इस प्रकार कुल मिला कर 95,000 सेना थी, जबकि अंग्रेज़ों के पास 3000 सैनिक थे। इसमें 800 अंग्रेज़ थे। शेष 2200 भारतीय सैनिक थे। उनके पास 8 बड़ी तथा 2 छोटी तोपें थीं।

कल्पना कीजिए कि इतनी बड़ी सेना के होते हुए भी प्लासी का युद्ध अंग्रेज़ों के पक्ष में क्यों रहा? नवाब की सेना में क्या कमियाँ थीं? इतिहास के विद्यार्थी को ही नहीं, प्रत्येक भारतीय नागरिक को इसकी तह तक जाने की ज़रूरत है, क्योंकि भारतीय परतंत्रता का चक्र बड़े अजीबोगरीब ढंग से चला है। आज भी विकास-चक्र तेज़ी से नहीं चल पा रहा है, उसके पीछे भी वे ही अराष्ट्रीय तत्व हैं जो प्लासी के युद्ध के पीछे थे, जिसकी वजह से नवाब की हार हुई थी।

23 जून, 1757 को मध्यान्ह के सूरज में अजीब गरमी थी। दोनों पक्षों की सेना में तलवारों का जघन्य प्रदर्शन शुरू हो चुका था। तोपखाने की मदद से अंग्रेज़ नवाब की सेना में खलबली मचाने में सफल हो चुके थे। फिर भी सिराजुद्दौला का पलड़ा भारी था। परन्तु ठीक ऐसे मौके पर मीर जाफ़र ने अपना रुख बदलना शुरू कर दिया।

सिराजुद्दौला को जैसे ही यह बात मालूम पड़ी वैसे ही उसने मीर जाफ़र को अपने पास बुलवाया। मीर जाफ़र के पहुँचने पर नवाब ने अपने संबंधों की याद दिलायी। खूब समझाया। हार कर नवाब ने आँखों में आँसू लाकर अपनी पगड़ी मीर जाफर के सामने रख दी। नवाब ने कहा, ''मीर जाफ़र, इस पगड़ी की लाज तुम्हारे हाथ है।''

मीर जाफ़र ने पगड़ी को अपनी छाती पर रख कर बड़े अदब के साथ नवाब के प्रति अपना सम्मान प्रदर्शित किया। उसने आदर-सहित पगड़ी उठा कर नवाब को पहना दी और उसे आश्वासन दिया। मीर जाफ़र ने यह सब नाटक किया था। उसकी आँखों के सामने बंगाल की नवाबी नाच रही थी। वह ऐसा

करते हुए अपने–आपको तथा नवाब को धोखा दे रहा था। इस प्रकार से नवाब उस पर पूरा भरोसा करके और कमज़ोर हो सकता है। विश्वासघात का इससे बेहतर मौका फिर कब मिल सकता था!

मीर ज़ाफ़र सिराजुद्दौला से मिलकर सीधे अपने खेमे में आया। उसने अपने विश्वासपात्र के हाथ क्लाइव को पत्र द्वारा यह सूचना भिजवायी कि वह तुरंत आक्रमण कर दे। रात तक हर हालत में वह हमला कर दे। किसी भी हालत में यह अवसर वह हाथ से नहीं जाने दे, अन्यथा परिणाम विपरीत भी हो सकता है।

अभी क्लाइव मीर जाफ़र का पत्र पढ़ कर कुछ सोच ही रहा था कि उधर विश्वासघाती रायदुर्लभ ने नवाब की घबराहट को और तेज़ कर दिया। उसने बताया कि अंग्रेज़ सेना तेज़ी से आगे बढ़ रही है।

सिराजुद्दौला इन कारणों से बेहद घबरा गया। युद्ध के मैदान में उसने साफ़ देखा कि मीर जाफ़र और रायदुर्लभ सैनिक टुकड़ी के साथ तटस्थ खड़े हुए हैं। नवाब का साथ मोहनलाल तथा मीर मर्दानखाँ ने अवश्य दिया था। वे दोनों युद्ध में खेत रहे थे। अब नवाब अकेला रह गया। फलतः वह घबरा कर अपनी बेगम को लेकर भाग खड़ा हुआ, जबकि उसकी सेना शत्रु से घमासान युद्ध कर रही थी। कोई नहीं कह सकता था कि उसका परिणाम किसके पक्ष में जाता?

एक भारतीय सिपाही द्वारा चलायी गई गोली सिराजुद्दौला के ऊँट की टांग में लगी जिससे वह बुरी तरह से घबरा उठा। उसके होश–हवास उड़ गये और वह मैदान छोड़ कर भाग खड़ा हुआ। प्रसिद्ध इतिहासकार डेविस ने अपनी पुस्तक 'क्लाइव' में इस युद्ध का मूल्यांकन करते हुए लिखा है, ''एक भारतीय सैनिक द्वारा चलायी गई गोली ने अंग्रेज़ी साम्राज्य का उदय किया।''

सिराजुद्दौला की पराजय के मूल में उसकी कायरता थी। चाहे विश्वासघात को इसकी पराजय का कारण माना जाये, लेकिन यह साफ़ था कि यदि नवाब नहीं भाग खड़ा होता तो युद्ध का निर्णय इतनी आसानी से कदापि नहीं हो सकता था। इसीलिए यह युद्ध जो अपने–आप में कोई खास युद्ध नहीं था भारत के भाग्य–निर्णायक युद्धों में गिना जाता है।

नवाब की अन्तिम आशा भी धूमिल हो गई। उसे न फ्रांसीसियों ने सहायता दी और न बिहार के नवाब नाज़िम ने। वह शत्रुओं द्वारा पकड़ा गया और मीर जाफ़र के पुत्र मीरन की आज्ञा से उसका वध करवा दिया गया। इस प्रकार सिराजुद्दौला का अध्याय समाप्त हुआ और अंग्रेज़ों के भाग्योदय का काल प्रारम्भ हुआ। मीर जाफ़र तथा दूसरे प्रभावशाली व्यक्ति अंग्रेज़ों की मुट्ठी में आ गये।

मीर जाफ़र : 'कर्नल क्लाइव का गधा'

मीर जाफ़र डरपोक, अक्षम और अदूरदर्शी नवाब रहा। उसने 1757 से 1760 तक राज्य किया। उसका कार्यकाल जनता के लिए बहुत दुःखदायक सिद्ध हुआ। अंग्रेज़ और उसकी सेना दोनों ही सरे–आम जनता को लूटने लगे थे। मुर्शिदाबाद के एक मस्त–मौला दरबारी ने उसका नाम 'कर्नल क्लाइव का गधा' रख छोड़ा था।

इसी समय से हिन्दू तथा मुसलमानों के बीच गहरी खाई खुदती चली गई। अंग्रेज़ों ने मीर जाफ़र से हिन्दुओं पर अत्याचार करवाये। उन्हें घर से बेघर करवा दिया। उसका खज़ाना लगभग खाली हो गया। अंग्रेज़ों ने आधा धन तो तुरन्त ही उससे ले लिया था और आधा धन उसकी माली हालत खस्ता देखकर

तीन वर्ष तक छमाही किस्तों में चुकाना कर दिया। 30, अगस्त 1757 तक मीर जाफ़र लगभग दिवालिया जैसी स्थिति में पहुँच चुका था। उसके पास सेना को वेतन देने तक के लिए पैसा नहीं रहा था। इस सबसे वह बौखला उठा।

मीर जाफ़र संकीर्ण विचारों का था इसलिए उसने हिन्दुओं पर अत्याचार करवाने शुरू कर दिये थे। बिहार प्रान्त का शासक रामनारायण अलीवर्दी खाँ का हितैषी था। वह मीर जाफ़र के खिलाफ़ भी नहीं था। परन्तु क्लाइव इस वक्त धूर्तता की चालें चल रहा था। उसने यह अफ़वाह उड़ा दी कि रामनारायण मीर जाफ़र पर हमला करने की तैयारी कर रहा है। इससे बुज़दिल मीर जाफ़र घबरा उठा। क्लाइव ने उसकी सहायता के लिए हाथ बढ़ाया। उसके पास धन तो था नहीं। क्लाइव ने धन के एवज़ में बर्दवान प्राप्त किया और हुगली की मालगुज़ारी वसूल करने का अधिकार प्राप्त कर लिया।

क्लाइव ने इस वक्त ज़बर्दस्त नाटक किया। क्लाइव बड़ी संख्या में सेना लेकर पटना में चार माह पड़ा रहा। उस सेना का चार माह का खर्चा नवाब से प्राप्त किया और रामनारायण से बिना लड़े ही वह लौट आया। उसने चालबाज़ी से नवाब की संधि रामनारायण से करवा दी। इस संधि के द्वारा मीर जाफ़र के पुत्र मीरन को नाम-मात्र का नवाब मान लिया गया।

इधर मीर जाफ़र को अली गौहर के आक्रमण का भी सामना करना पड़ा। 1760 में मुगल सम्राट का अंत हो गया था, जिसकी वजह से अली गौहर दिल्ली का तख़्त हासिल करने के लिए लौट गया था।

1759 में डचों का आक्रमण हुआ। मीर जाफ़र अंग्रेज़ों से बेतरह से परेशान हो चुका था। उसने डचों को आक्रमण करने के लिए आमंत्रित किया था। डच भी अंग्रेज़ों के बढ़ते हुए प्रभाव से आंतकित हो चुके थे। बिड्डेरा के युद्ध में क्लाइव की युद्ध-नीति के सामने डच टिक नहीं पाये। वे पराजित हुए। इसी प्रकार फ्रांसीसियों की शक्ति में भी निष्क्रियता आ गई। उनको ऐसी संधि करने के लिए विवश होना पड़ा, जिसके फलस्वरूप वे सेना तथा उससे सम्बंधित शक्ति को नहीं रख सकते थे। उनको केवल एक सौ पच्चीस सैनिक रखने की स्वतंत्रता थी, जिससे वे अपने कारखाने की सुरक्षा कर सकें।

क्लाइव का प्रभाव 1760 तक चारों ओर छा चुका था। बंगाल में अंग्रेज़ों की तूती बोलती थी। वे सरेआम अन्याय तथा अत्याचार कर रहे थे। स्वयं ही न्याय भी करने लगे थे। 25 फरवरी, 1760 को क्लाइव भारत से लौट गया। उसका स्थान हॉलवेल ने लिया। मीर ज़ाफ़र के सामने अब और भी विषम स्थिति पैदा हो चुकी थी। राजस्व कम हो गया था। हरेक अंग्रेज़ कर्मचारी नवाब से व्यक्तिगत उपहार की अपेक्षा करता था। रिश्वत राजधर्म बन चुका था। प्रजा अत्यन्त परेशान हो उठी थी। उसे न्याय नहीं मिल सकता था।

मीर कासिम का उदय

मीर जाफ़र पर अनेक आरोप लगा कर अंग्रेज़ों ने उसे हटाने की साज़िश शुरू कर दी, क्योंकि अंग्रेज़ों को उससे और कुछ मिलने की आशा नहीं थी। उसके पुत्र मीरन की मृत्यु हो गई थी। अंग्रेज़ों के उकसाने पर मीर जाफ़र का जामाता बंगाल की गद्दी पर बैठने के स्वप्न लेने लगा। 26 सितम्बर, 1760 को अंग्रेज़ों तथा मीर कासिम के बीच एक संधि हुई, जिसके अनुसार उसे नवाब बनने के बदले में अंग्रेज़ों को चटगाँव, बर्दवान, आदि ज़िले देने तय हुए।

मीर जाफ़र काफी वृद्ध हो चुका था। गद्दी उसके लिए सिरदर्द बन चुकी थी। चारों ओर षड्यंत्रों का जाल बिछा हुआ था। इस सबसे घबरा कर और अंग्रेज़ों की बदलती नीयत को पहचान कर उसने गद्दी त्याग दी। पेंशन लेकर वह कलकत्ता चला गया। मीर कासिम ने उसे 15 हज़ार रुपये मासिक पेंशन देना तय किया था।

मीर कासिम सुयोग्य तथा सक्षम प्रशासक के रूप में ख्याति अर्जित कर चुका था। लेकिन वह जिन विषम परिस्थितियों में गद्दी पर बैठा था, उनमें उसको अपने चारों ओर विद्रोह की लपटें बढ़ती हुई नज़र आ रही थीं। मीर जाफ़र को गद्दी से उतारने के नाटक से एलिस तथा कौंसिल के विरोधी सदस्य असन्तुष्ट थे। यह उदाहरण अंग्रेज़ों के राष्ट्रीय चरित्र के अध:पतन का प्रतीक है।

मीर कासिम ने गद्दी संभालते ही सबसे महत्वपूर्ण कार्य यह किया कि खाली राजकोष की स्थिति ठीक की और अंग्रेज़ों के ऋण से मुक्त को गया। उसने बंगाल तथा बिहार के विद्रोही जमींदारों को पराजित किया। बेईमानों की सम्पत्ति को ज़ब्त किया और मीर जाफ़र के समय जिन कर्मचारियों ने धन हड़पा था, उसने उनसे हिसाब माँगा और उनकी तरफ निकलने वाली राशि को वसूल किया। राजधानी में चलने वाले षड्यंत्रों की काली रात को उसने सख्ती से खत्म करने का फैसला किया।

मीर कासिम ने बहुत जल्दी विद्रोही शक्तियों का दमन करने में सफलता प्राप्त की और अंग्रेज़ों द्वारा हो रही लूट–खसोट को रोकने के लिए शक्ति से काम लिया।

वह यह अच्छी तरह से जानता था कि सुदृढ़ सेना के बिना वह शासन नहीं चला सकता है। अंग्रेज़ों पर निर्भर रहना शासन को खराब करना है। यद्यपि नवाब की सेना विशाल थी तथापि वह अयोग्य और निष्क्रिय थी, क्योंकि उसमें भ्रष्टाचार व्याप्त था और आधुनिक अस्त्र–शस्त्रों से भी वह अपरिचित–सी थी। नवाब की सेना का लड़ने का तरीका पुराना पड़ चुका था। नवाब ने पुन: सेना को संगठित किया। सेना का संगठन यूरोपीय ढंग पर किया। उसे आधुनिक अस्त्र–शस्त्र से लैस किया।

राजधानी-परिवर्तन

मीर कासिम राजधानी मुंगेर ले गया। पुरानी राजधानी मुर्शिदाबाद उसे असुरक्षित लगी। वह अंग्रेज़ों की आँखों से दूर होकर अपनी सैनिक शक्ति को सुसंगठित करना चाहता था। वह भली प्रकार जान चुका था कि अंग्रेज़ों को विजय करना बहुत ज़रूरी है। वह उसके राज्य के लिए नासूर हैं। उसने चौकियों की संख्या तथा उनकी सुरक्षा के लिए सिपाहियों की संख्या में वृद्धि कर दी। अंग्रेज़ों की नौकाओं पर कड़ी निगरानी शुरू हो गई, जिसका फल यह हुआ कि कम्पनी का व्यापार ठप-सा होने लगा। इस तथ्य को अंग्रेज़ों ने स्वयं स्वीकारा है।

ज़िलादारों को नवाब ने आदेश दिया कि वे अंग्रेज़ों के साथ किसी प्रकार का व्यापार का व्यवहार नहीं रखें। अंग्रेज़ों पर पाबन्दियाँ लगनी शुरू

हो गईं। उनकी धूर्तता तथा चालाकी का पर्दाफाश होने लगा। इससे अंग्रेज़ मीर कासिम से नाराज़ हो उठे। उन्होंने मीर कासिम के खिलाफ खुला विद्रोह शुरू कर दिया।

अंग्रेज़ों ने पटना पर अधिकार पर लिया, लेकिन नवाब ने पुनः पटना पर कब्ज़ा कर लिया। मीर कासिम ने मुंगेर से अपनी सेना मीर तकी की अध्यक्षता में भेजी, परन्तु वह रास्ते में ही मारा गया। उदयनाला युद्ध में मीर कासिम स्वयं पराजित हुआ।

मीर कासिम वहाँ से पटना आया। दुर्ग की सुरक्षा के पूरे प्रयत्न किये। उसने 148 अंग्रेज़ कैदियों को, जिसमें स्त्रियाँ तथा बच्चे भी थे, तलवार के घाट उतरवा दिया। 'पटना हत्याकाण्ड' के नाम से यह घटना याद की जाती है। एडेम्स ने मीर कासिम को पुनः पराजित किया। मीर कासिम ने भाग कर अवध के नवाब शुजाउद्दौला के यहाँ शरण पाई।

मीर जाफ़र को पुनः बंगाल का नवाब बना दिया गया। उसके साथ ही अंग्रेज़ों को पुनः पूर्वप्राप्त सुविधाएँ मिल गईं।

बक्सर युद्ध

जब मीर कासिम अवध के नवाब की शरण में पहुँचा तब वहाँ मुगल सम्राट शाह आलम भी था। मीर कासिम ने बुन्देलखण्ड जीतने में अवध के नवाब तथा मुगल सम्राट की सहायता की। उसमें उनकी जीत हुई। अतः वे दोनों उससे प्रसन्न हो गये और उन्होंने संयुक्त रूप से उसको सहायता देने का वचन दिया। तीनों ही अंग्रेज़ों से युद्ध करने हेतु चल दिये। अंग्रेज़ों ने एड़ी से चोटी तक का प्रयत्न किया कि किसी तरह से अवध का नवाब उनकी ओर मिल जाये। परन्तु उसका कोई फल नहीं निकला। तीनों की संयुक्त सेना ने पटना नगर की घेराबंदी की। अंग्रेज़ अन्दर ही अन्दर उनकी संयुक्त शक्ति से घबरा उठे थे।

उधर बरसात का मौसम शुरू हो गया। अवध के नवाब की सेना बक्सर की ओर चल पड़ी। सितम्बर, सन् 1764 में बक्सर के मैदान में अंग्रेज़ों तथा अवध के नवाब की सेना के बीच घमासान युद्ध हुआ। मुगल सम्राट ने दिल खोल कर अवध के नवाब की सहायता नहीं की। फलतः 22 अक्तूबर को तीनों की सम्मिलित सेना की पराजय हुई।

अवध का नवाब जान बचा कर रूहेलखण्ड भाग गया। मुगल सम्राट अंग्रेज़ों के साथ मिल गया। मीर कासिम भी जैसे-तैसे वहाँ से भाग खड़ा हुआ। वह 12 वर्ष तक इधर से उधर छिपता रहा। पुनः शासक बनने के उसके सारे प्रयत्न असफल सिद्ध हुए। 1777 में उसकी मृत्यु हो गई।

बक्सर युद्ध में मीर कासिम की पराजय के बाद मीर जाफ़र पुनः बंगाल का नवाब बनाया गया। 1765 ई० में उसकी मृत्यु हो गई और उसका लड़का नज़मुद्दौला बंगाल की गद्दी पर आसीन हुआ। इस नये नवाब से अंग्रेज़ों ने नई संधि की, जिसके फलस्वरूप नवाब की स्थिति दयनीय रह गई और बंगाल की दिवानी पर कम्पनी का पूरा-पूरा कब्ज़ा हो गया। माल का प्रबंध भी नवाब के हाथों से निकल कर अंग्रेज़ों के हाथों में आ गया। नवाब को नौका रखने या निकालने तक का अधिकार भी नहीं था। पाँच लाख रुपया सालाना दण्ड नवाब पर और थोप दिया गया, जिससे अंग्रेज़ फौज का खर्च निकाला जा सके।

5

गवर्नर के रूप में क्लाइव

क्लाइव भारत में अब दूसरी बार आया था। वह 1765–67 तक भारत में रहा। जब वह यहाँ आया था तब बंगाल की शोचनीय स्थिति की चर्चा इंग्लैण्ड में भी थी। उसने आते ही सबसे पहला और महत्वपूर्ण कार्य यह किया कि राजनीतिक तथा प्रशासन–संबंधी समस्याओं को बड़े सुन्दर ढंग से सुलझाया। कुछ समय के लिए बंगाल में शान्ति अनुभव होने लगी।

अंग्रेज़ों का नैतिक पतन हो रहा था और वे यहाँ की जनता की दृष्टि में लगातार गिर रहे थे। कम्पनी का छोटे से छोटा अंग्रेज़ व कर्मचारी भेंट लिये बिना नहीं रहता था। क्लाइव ने भेंट प्रथा को तात्कालिक प्रभाव से एक आदेश द्वारा गैरकानूनी करार दिया। इससे पहले जब यहाँ क्लाइव आया था। तब वह स्वयं भेंट लिया करता था। अतः कर्मचारियों के मन में यह बात घर किये हुए थी कि वह इस मामले में ढील रखेगा। लेकिन वह इस गलत प्रथा को बन्द करने के लिए कृतसंकल्प था। उसने इस ओर कड़ी कार्रवाइयाँ शुरू की थीं।

कम्पनी का कार्य सुचारु ढंग से तब चले जबकि योग्य कर्मचारी हों और पूरे मन से काम करें। कर्मचारियों का वेतन बहुत कम था अतः उसने कर्मचारियों का वेतन बढ़ा दिया। लेकिन कम्पनी के डायरेक्टरों ने उसके लिए स्वीकृति प्रदान नहीं की। वह घोषण कर चुका था, अतः इस योजना को कार्यरूप में परिणत कराने हेतु जिन साधनों का उसने प्रयोग किया था, उससे उसकी प्रतिष्ठा गिरी थी। युद्ध के समय दिये जाने वाले सैनिक के दोहरे भत्ते को उसने बंद कर दिया और उसके स्थानों पर 'क्लाइव फण्ड' की स्थापना की, जिससे ऐसे सैनिकों को सहायता–राशि दी जाने लगी जो युद्ध में काम आते थे अथवा जिनके अंग–भंग हो जाते थे।

कम्पनी के कर्मचारियों में निजी व्यापार की होड़ हो चली थी, फलतः उनका ध्यान कम्पनी से हट कर अपने पर अधिक केन्द्रित होने लगा था। इससे कम्पनी को नुकसान उठाना पड़ जाता था और कम्पनी बदनाम अलग होती थी। इसके अलावा जनता उससे और अधिक असन्तुष्ट थी। उसने 'ट्रेडर्स सोसाइटी' की स्थापना उच्च सेवकों के लिए की और नमक का व्यापार करने का एकाधिकार इस सोसाइटी को दे

दिया। इससे गवर्नर को प्रति वर्ष 4800 पौण्ड वेतन के अलावा 18500 पौण्ड का लाभ भी मिलने लगा। अधिकारियों के कड़े विरोध के कारण 1767 में इस सोसाइटी को बंद कर दिया गया।

दिल्ली के सम्राट व अवध के नवाब से क्लाइव ने संधि की, जिसके अनुसार अवध के नवाब ने कड़ा और इलाहाबाद के ज़िले अंग्रेज़ों को दिये और उसके खर्च के रूप में पचास लाख रुपये भी दिये।

मुगल सम्राट से जो समझौता हुआ, उसके फलस्वरूप कड़ा और इलाहाबाद ज़िले शाह आलम को सौंप दिये और इसके बदले में बिहार, उड़ीसा व बंगाल की दीवानी प्राप्त कर ली। लगान वसूल करने व उससे सम्बंधित न्याय करने का अधिकार कम्पनी को मिल गया। इसके लिए 26 लाख रुपया वार्षिक कर के रूप में मुगल सम्राट को देना तय हुआ। इससे बंगाल, बिहार तथा उड़ीसा पर कम्पनी के अधिकार तथा प्रभुत्व को बहुत बल मिला।

द्वैत शासन बंगाल, उड़ीसा और बिहार में लागू हुआ। बंगाल के नवाब से कम्पनी ने निज़ामत, सैनिक शक्ति और फौजदारी के मुकदमों का फैसला व प्रबंध करने का अधिकार तो पहले ही ले लिया था। क्लाइव इससे उत्तरदायित्व बढ़ जाने की सम्भावना से डरता था क्योंकि उससे सीधे कम्पनी के व्यापार पर चोट पहुँच सकती थी।

क्लाइव ने शासन को दो भागों में बाँटा :

1. सैनिक शक्ति, राजस्व प्राप्त करने की शक्ति और विदेश नीति को कम्पनी ने अपने हाथ में रखा।
2. लगान उगाहने और न्याय करने का काम भारतीय कर्मचारियों को सौंपा।

नवाब, निज़ामों से कर वसूल कराये और उससे निज़ामत पर होने वाला व्यय, अपनी पेंशन तथा मुगल सम्राट को दिये जाने वाली राशि को निकाले और शेष राशि कम्पनी के कोष में जमा करा दे। यह था द्वैत शासन, जो 1772 तक चलता रहा। इससे बंगाल की जनता की पीड़ा और बढ़ गई तथा वहाँ की स्थिति बजाये सुधरने के और बिगड़ गई। क्योंकि धन-प्राप्ति के अधिकार को तो कम्पनी ने अपने पास रखा और उसके उत्तरदायित्व के प्रति पूर्णतया उपेक्षा दिखलायी।

बंगाल में भंयकर अकाल – 1770

दोहरे शासन से प्रजा संकट में पड़ गई। प्रशासन भ्रष्ट हो गया। इसी समय बंगाल की जनता पर प्रकृति ने प्रकोप किया। वहाँ भंयकर अकाल पड़ गया। साथ में महामारी भी फैल गई। परन्तु लगान वसूली के लिए कोई राहत जनता को नहीं दी गई। उल्टे लगान दूना कर दिया। किसानों के सामान को बिकवा डाला और उन्हें घर से बेघर कर दिया। शासन की निरंकुशता सर्वोपरि हो गई। इससे बुरा समय वहाँ की जनता के जीवन में दूसरी बार नहीं आया। नवाब असहाय था। जनता में लूटमार, असुरक्षा और हत्या का आंतक छा गया। इस से क्लाइव ने कम्पनी को तो लाभ पहुँचाया, परन्तु उसके इस दुष्कृत्य ने मानवता का खून कर दिया।

क्लाइव के बाद

क्लाइव के बाद वेरेल्स्ट सन् 1767 से 1769 तक तथा कार्टियर सन् 1770 से 1772 तक बंगाल के गवर्नर रहे थे। इनके समय दिनोंदिन बंगाल का प्रशासन क्षत-विक्षत होता चला गया। भ्रष्टाचार शिखर पर पहुँच गया। जनता में भंयकर असन्तोष छा गया।

आश्चर्य है, इस पर भी कम्पनी के कान पर जूँ तक नहीं रेंगी। उसने जनता को कोई राहत नहीं दी। इसके विपरीत उसने जनता पर और अत्याचार व अन्याय किया। उसे कुचला, मारा। मानवता त्राहि-त्राहि कर उठी। यही स्थिति सन् 1772 तक रही।

6

वारेन हेस्टिंग्स

वारेन हेस्टिंग्स कम्पनी का गवर्नर होकर भारत आया। उसका कार्यकाल 1772 से 1782 तक रहा। उसके आने तक अंग्रेज़ों में दुराचार व धन-अपहरण का लोभ चरम सीमा पर पहुँच गया था। ये लोग एक तरह से डाकू जैसे हो गये थे। कम्पनी का हर अंग्रेज़ सेवक यह सोचता था, जैसे भी हो दस-बीस लाख रुपये लूट-लाट कर इंग्लैंड लौट जाये। इस से कम्पनी का कोष भी खाली होता जा रहा था। हेस्टिंग्स ने अपने समय की स्थिति का जायज़ा लेते हुए निम्नलिखित सुधार किये :

1. द्वैत शासन का अन्त कर दिया गया। नवाब को पेंशन दे दी गई। राज्यकोष मुर्शिदाबाद से कलकत्ता ले गया और भारतीय कलक्टरों के साथ अंग्रेज़ कलक्टरों की भी नियुक्ति की।
2. आर्थिक स्थिति को सुदृढ़ बनाने के लिए उसने बंगाल के नवाब की पेंशन कम कर दी। मुगल सम्राट को दी जाने वाली राशि बंद कर दी। कड़ा व इलाहाबाद ज़िले वापस ले लिये। उसने कलकत्ता में एक सरकारी टकसाल की स्थापना कर विभिन्न प्रकार के सिक्के के प्रयोग से होने वाली व्यापार की क्षति को बहुत कम कर दिया।
3. व्यापार को उन्नतिशील बनाने हेतु उसने कलकत्ता, हुगली, मुर्शिदाबाद, ढाका व पटना की चौकियों को छोड़ कर शेष चौकियों का अस्तित्व मिटा दिया। नमक, सुपारी व तम्बाकू को छोड़ कर अन्य वस्तुओं पर ढाई प्रतिशत चुंगी तय कर दी।
4. पंचवर्षीय लगान की बोली की प्रथा स्थापित की गई। जो अधिक लगान देने की बोली बोलता उसे पाँच बरस के लिए भूमि दी जाती।
5. न्याय व्यवस्था को प्रभावशाली बनाने हेतु उसने प्रत्येक ज़िले में एक फौज़दारी तथा एक दीवानी की अदालत स्थापित की। कलकत्ता में अदालतों की अपील के लिए फौज़दारी अदालत को निज़ामत अदालत और दीवानी को सदर दीवानी अदालत नाम से स्थापित किया।
6. सार्वजनिक क्षेत्र में पुलिस की व्यवस्था में सुधार किये गये। डाकुओं को फाँसी पर लटकाया गया। चोरी, आदि के अपराध में भी कठोर सज़ायें दी जाने लगी।

इसका परिणाम यह हुआ कि उसके 12 वर्ष के कार्यकाल में कम्पनी की नींव और गहरी हुई। परन्तु प्रशासन स्वच्छ नहीं हो सका, क्योंकि कम्पनी का उद्देश्य भारत का शोषण करना था। उसके समय में कोई भी व्यक्ति धन देकर ब्रिटिश फौजों की सेवाएँ प्राप्त कर सकता था।

- उसके समय की प्रमुख घटनाओं का विवरण इस प्रकार से है—

नंदकुमार को मृत्युदण्ड

महाराज नंदकुमार ने अंग्रेज़ों का साथ दिया था। वह बंगाल का अत्यन्त प्रभावशाली और सशक्त ब्राह्मण था, जिसकी राजनीति में जड़ें गहरी थीं। मुर्शिदाबाद में जब उसे दीवान बनाया जा रहा था तब अंग्रेजों ने उसे कैद कर कलकत्ता भेज दिया था। हेस्टिंग्स के आने पर कम्पनी की नीति में बदलाव आया। अचानक नंदकुमार को बंगाल का नायब सूबेदार बनाने का षड्यंत्र रचा गया तथा बंगाल के नवाब मोहम्मद रज़ा, जो सदा ही अंग्रेजों के आगे-पीछे दुम हिलाता हुआ घूमता था, गिरफ़्तार कर लिया गया।

मोहम्मद रज़ा को अपराधी ठहराने के लिए हेस्टिंग्स ने नंदकुमार की सहायता ली। परन्तु मोहम्मद रज़ा को हटाने के बाद नंदकुमार को जैसी उसे आशा थी, बंगाल का नायब सूबेदार नहीं बनाया अतः उसने बदला लेने की सोची।

नंदकुमार ने वारेन हेस्टिंग्स पर यह आरोप लगाया कि हेस्टिंग्स ने मीर जाफ़र की विधवा मुन्नी बेगम से साढ़े तीन लाख रुपया लेकर उसे बंगाल के अल्पवयस्क नवाब की संरक्षक बनाया है। कौंसिल ने हेस्टिंग्स के लाख विरोध करने पर भी उसे दोषी पाया और हड़पी हुई साढ़े तीन लाख की रकम को कम्पनी कोष में जमा करने का आदेश दिया गया।

गवर्नर जैसे पद पर रह कर व्यक्ति का चरित्र और नैतिक पतन इस सीमा तक हो सकता है, यह सोचने का विषय है। जो जाति आज गौरव से सिर उठाती है, उसने कैसे-कैसे कहर इस देश पर ढाये हैं! हेस्टिंग्स ने मोहम्मद रज़ा से लम्बी रकम रिश्वत में पाकर उसे छोड़ दिया था।

नंदकुमार से हेस्टिंग्स नाराज़ हो गया। उसे पुरस्कार देने की बजाय गिरफ्तार कर लिया गया। उस पर आरोप लगाया गया कि उसने 1770 में सरकारी कागज़ पर जाली हस्ताक्षर किये थे। 1774 में यह मुकदमा कलकत्ता की बड़ी अदालत में भेजा गया, जिसका मुख्य न्यायाधीश एलिजाह इम्पे हेस्टिंग्स का मित्र व सहपाठी था।

नंदकुमार रिश्वत अथवा जालसाज़ी के आरोप को गलत सिद्ध करने के लिए गवाही पेश न कर सका इसलिए हेस्टिंग्स ने उसे मुख्य न्यायाधीश एलिजाह इम्पे से फाँसी की सज़ा दिलवा दी, जबकि जालसाज़ी के आरोप में फाँसी की सज़ा देने की व्यवस्था नहीं थी।

हेस्टिंग्स के इस दुष्कृत्य की पर्याप्त भर्त्सना की गई। हेनरी बेवरीज़ ने इसे 'न्याय की हत्या' से पुकारा। आश्चर्य की बात तो यह रही कि मुख्य न्यायाधीश के अलावा उच्च न्यायालय के अन्य न्यायाधीशों ने भी उस मुकदमे को सुना था। उसे सब न्यायाधीशों ने अपराधी सिद्ध नहीं किया। जूरी ने उसे निर्दोष पाया था। प्राणदण्ड में अपराधी को सपरिषद् सम्राट से अपील करने की व्यवस्था कानून में थी, जिसका लाभ भी नंदकुमार को नहीं दिया गया।

यह थी अंग्रेजों की न्याय और नैतिकता! जालसाज़ी क्लाइव ने भी की थी परन्तु क्लाइव को जालसाज़ी का पुरस्कार मिला था : लार्ड की उपाधि, और नंदकुमार को दण्ड मिला था मौत का! एक को उसी दुष्कृत्य के लिए उपाधि और दूसरे को मौत!

महाराज चेतसिंह

चेतसिंह बनारस के महाराज बलवंत सिंह का पुत्र था। बलवंतसिंह अवध के नवाब के अधीन था। बलवंतसिंह अच्छा प्रशासक था। उसके राज्य में प्रजा सुखी थी। प्रजा भय और आंतक से मुक्त थी। 1775 ई॰ में अवध के नवाब ने एक संधि अंग्रेजों से की, जिसके फलस्वरूप बनारस अंग्रेजों की जागीर हो गया।

अंग्रेजों की नीति 'फूट डालो और राज करो' की रही है इसलिए उन्होंने चेतसिंह को बनारस का राजा बनाया। उससे साढ़े 23 लाख रुपया वार्षिक कर के रूप में अंग्रेजों को देना निश्चित हुआ। इसके अलावा कम्पनी उससे कुछ नहीं लेगी। यह रकम उसकी जागीर को देखते हुए बहुत अधिक थी जबकि बंगाल का नवाब सारे प्रान्त की एवज़ में मुगल बादशाह को 54 लाख रुपया देता था।

दक्षिण में हैदर अली की शक्ति का मुकाबला करने के लिए सैनिक शक्ति को बढ़ाना बहुत आवश्यक था। उसके लिए धन की ज़रूरत थी। 1778 में हेस्टिंग्स ने चेतसिंह से 5 लाख रुपया माँगा। चेतसिंह ने वह रुपया दे दिया। 1779 में फिर उससे 5 लाख की मांग की गई। उसे भी उसने पूरा कर दिया। 1780 में उसे 2000 घोड़े देने के लिए विवश किया गया। उसकी स्थिति ऐसी नहीं थी कि वह 2000 घोड़े दे सकता अत: उसने निजी तौर पर हेस्टिंग्स को 2 लाख रुपये भेजे, जो उसने ले लिये। उसमें 23,000 रुपये अपनी जेब में डाले, शेष रुपया कम्पनी के काम के खाते में जमा करवा दिये।

हेस्टिंग्स ने 2 लाख रुपये हड़प लेने के बाद भी अपनी पूर्व मांग को दोहराया। चेतसिंह ने 1000 घोड़े देने का उसे आश्वासन दे दिया, जिसे वह अपनी आर्थिक सीमाओं के कारण पूरा नहीं कर सका। चेतसिंह ने 500 घोड़े तथा 500 तोपखाने के सैनिक उसके बदले में भेज दिये थे।

इससे हेस्टिंग्स का पारा चढ़ गया और उसने 50 लाख रुपया चेतसिंह पर जुर्माना कर दिया। जुर्माना वसूल करने के लिए छोटी-सी सेना लेकर वह बनारस जा पहुँचा।

जैसे ही चेतसिंह को हेस्टिंग्स के उधर आने की खबर मिली, वह स्वयं उससे मिलने बक्सर आ गया। परन्तु हेस्टिंग्स ने उससे मिलने से साफ़ इनकार कर दिया। चेतसिंह एक अंगरक्षक के साथ उसके पास पहुँचा था।

बनारस पहुँच कर हेस्टिंग्स ने उसे बंदी बना लिया। वह तो बक्सर में ही हेस्टिंग्स को राज्य लौटा रहा था। चेतसिंह ने मान-अपमान सब बर्दाश्त कर लिया परन्तु उसकी सेना यह बर्दाश्त नहीं कर पाई। उसका राजा योग्य है। प्रजापालक है। अंग्रेज़ अकारण उसका अपमान करें, यह उसे नागवार लगा। उसने विद्रोह कर दिया।

हेस्टिंग्स ने यह स्वप्न में भी नहीं सोचा था। वह संकट में फंस गया। प्राण बचाकर वह चुनार भाग गया। वहाँ से वह सेना लेकर आया। फिर दोनों में घमासान युद्ध हुआ। चेतसिंह मामूली-सा खज़ाना लेकर ग्वालियर भाग गया। अधिकांश राशि उसकी सेना ने ही लूट ली थी फलत: अंग्रेज़ों के कुछ खास हाथ न लगा।

हेस्टिंग्स ने चेतसिंह के भतीजे को गद्दी पर बिठला दिया। साथ में उसे 40 लाख रुपये वार्षिक कर देने के लिए विवश किया। इससे पूर्व इतनी बड़ी राशि उसे यहाँ से कभी नहीं मिली थी और न बाद में मिल सकी।

अंग्रेज़ों की यही चाल थी कि राजा से उसकी प्रजा पर अन्याय करवाया जाये ताकि प्रजा अपने राजा से घृणा कर उठे। कम्पनी मनचाही रकम इकट्ठी कर सके। चेतसिंह के भतीजे ने विवश होकर लगान वसूल करने में सख्ती की। फल यह हुआ कि वहाँ की प्रजा भागने लगी। 5 लाख के स्थान पर 2 लाख आबादी रह गई। जब वारेन हेस्टिंग्स रुपया वसूल करने के लिए बनारस पहुँचा तब उसे ज्ञात हुआ कि दो-तिहाई भूमि को जोतने वाला वहाँ कोई नहीं है। दूर-दूर तक खेत नज़र नहीं आते हैं।

इस घटना को लेकर कम्पनी के निदेशकों ने जो अपना फैसला सुनाया, उससे हेस्टिंग्स का यह कार्य अनुचित तथा अराजनीतिक माना गया। वह उच्छृंखल और भ्रष्ट शासक था, जिसने कम्पनी को बदनाम भी किया और प्रजा में घृणा फैलायी।

अवध की बेगमें

अवध का नवाब आसफुद्दौला वारेन हेस्टिंग्स से चुनार के किले में मिला था। उसने अपने पिता शुजाउद्दौला, जिसकी हाल में ही मृत्यु हुई थी, के बारे में बतलाया था। उसने जागीर व खज़ाना अपनी माँ तथा विधवा बेगम के नाम लिख दिया था।

हेस्टिंग्स को बनारस से कुछ मिला नहीं था अत: वह खीज से भरा था। उसने सोचा कि अवध के नवाब से रकम ऐंठी जाये। इसके लिए उसने बहाना तलाश कर लिया कि शुजाउद्दौला की माँ और बेगम,

जो अवध की बेगमों के नाम से जानी जाती थीं, पर यह आरोप लगाया कि वे चेतसिंह से मिल कर कम्पनी के खिलाफ षड्यन्त्र कर रही थीं। अत: इस अपराध के कारण उनसे खज़ाना छीन लिया जाये। शुजाउद्दौला ने मरने से पूर्व अपनी माँ तथा बेगम का संरक्षण कम्पनी के अधिकारियों को सौंपा था।

हेस्टिंग्स ने उस वायदे क़ी परवाह न करते हुए उन पर असत्य और मनगढ़न्त आरोप लगाये। इसके लिए उसने कलकत्ता की सुप्रीम कोर्ट के मुख्य न्यायाधीश इम्पे को भी बुलाया और उससे बेगमों पर लगाये गये आरोपों पर सही की मोहर लगवा ली।

दोनों बेगमें फैज़ाबाद के महल में रहा करती थीं। अंग्रेज़ी फौज ने आकर उन असहाय बेगमों को घेर लिया और उनको खज़ाना सौंपने के लिए कहा। उनके आनाकानी करने पर उनके साथ अमानवीय एवं अनैतिक, सख्त से सख्त व्यवहार किया, जिसकी कल्पना-मात्र से रोंगटे खड़े हो जाते हैं। औरतों पर इस प्रकार की वीरता दिखलाने के उदाहरण अंग्रेजों ने दुनिया के इतिहास में अनेक प्रस्तुत किये हैं। हारकर उन बेगमों ने खज़ाना और कीमती जवाहरात व सोने-चाँदी के ज़ेवर आदि हेस्टिंग्स के हवाले कर दिये।

हेस्टिंग्स स्वयं काफी धन बटोर कर 1780 में भारत से इंग्लैंड लौटा था। कम्पनी के डायरेक्टरों ने भी उसके सम्बंध में अच्छी राय कायम नहीं की थी। हेस्टिंग्स क्लर्क से इतने बड़े पद पर पहुँचा था और उसने क्लाइव की योजनाओं की जड़ों को पानी देकर सुदृढ़ किया था। परन्तु उसके तरीके, जिनका उसने इस्तेमाल किया था, उसे एक नृशंस, कलंकित, क्रूर और मानवता से गिरा व्यक्ति ही सिद्ध करते हैं। दुनिया के इतिहास में अंग्रेज़ों के इन दुष्कृत्यों को सदैव अमानवीय और नीचतापूर्ण समझा जायेगा।

7

लार्ड कार्नवालिस

वारेन हेस्टिंग्स के भारत से लौट जाने के बाद लगभग डेढ़ वर्ष तक सर जान मैक्फ़रसन अस्थायी गवर्नर जनरल बना रहा। उसने अपने इस थोड़े-से समय में रुपये वसूल करने के लिए जिन तरीकों का इस्तेमाल किया, वे मानवता के इतिहास पर एकदम स्याह धब्बे हैं। उसने अवध की बेगमों को भिखारी बना दिया और दिल्ली सम्राट को मालगुज़ारी देना बंद कर दिया।

उसके बाद लार्ड कार्नवालिस 1786–1793 ई॰ तक भारत का गवर्नर जनरल रहा। वह एक सम्पन्न परिवार से था। सेना का उसके पास विस्तृत अनुभव था। अमेरिका के स्वतंत्रता संग्राम में वह उत्तरी अमेरिका में अंग्रेज़ी फौज का मुख्य सेनापति रह चुका था। वह ईमानदार तथा कर्त्तव्यनिष्ठ था। वह रिश्वत लेने को चरित्रहीनता मानता था। पैसे की उसको कतई हवस नहीं थी। इंग्लैंड का प्रधानमंत्री पिट उसका अभिन्न मित्र था। कम्पनी के 1773 ई॰ के चार्टर एक्ट के अनुसार वारेन हेस्टिंग्स भारत की ब्रिटिश हुकूमत का पहला गवर्नर था। पिट ने भारतीय कानून में संशोधन करके कार्नवालिस को गवर्नन जनरल और मुख्य सेनापति के अधिकारों का प्रयोग करने की स्वतन्त्रता प्रदान की थी। उसे यह भी अधिकार दिया गया कि वह कौन्सिल के मत को मानने से इनकार कर सकता है। उसने बहुत झिझक के साथ अपना पद संभाला था।

कार्नवालिस ने कम्पनी साम्राज्य का विस्तार, उसकी सुव्यवस्था, आर्थिक सुदृढ़ता, पुलिस व्यवस्था को पुनर्संगठित करना, सार्वजनिक सेवाओं में सुधार, न्याय में सुधार, बंगाल की स्थायी भूमि व्यवस्था, आदि ऐसे उल्लेखनीय कार्य किये, जिससे कम्पनी राज को सुदृढ़ता मिली।

तृतीय मैसूर युद्ध

हैदरअली की मृत्यु हो गई थी। हैदरअली बहादुर, साहसी और बुद्धिमान था। अंग्रेज़ों के उसने छक्के छुड़ा दिये थे। हैदरअली का लड़का फतहअली टीपू भी अपने पिता की तरह साहसी, वीर और सुयोग्य था।

मंगलौर में अंग्रेज़ी सेना से टीपू को युद्ध करने का मौका मिला, जिसमें उसने अंग्रेज़ों को ज़बर्दस्त मात दी। मंगलौर के किले और नगर पर उसका अधिकार हो गया था। अंग्रेज़ युद्ध के मैदान से भाग खड़े हुए थे। टीपू ने अंग्रेज़ों पर तरस खाकर उनसे संधि कर ली। वस्तुत: हेस्टिंग्स इस अपमानजनक संधि के बहुत खिलाफ था। लेकिन इसके अलावा उसके सामने कोई चारा भी नहीं था।

टीपू जब गद्दी पर बैठा तब वह अठारहवाँ बसन्त पार कर चुका था। वह उद्‌भट साहसी और रणनीति में अद्वितीय था। अंग्रेज़ उससे डरते थे। वह दक्षिण का स्वामी बनना चाहता था। उसे अंग्रेज़ों से चिढ़ थी। वह फ्रांसीसियों की सहायता से अंग्रेज़ों को भारत से बाहर खदेड़ना चाहता था। इसलिए उसने अपने विशेष दूत 1787 ई॰ में फ्रांस तथा ट्र्की भी भेजे, लेकिन उससे उसे कोई लाभ नहीं हो सका।

कार्नवालिस मैसूर पर आक्रमण करने की तैयारी कर रहा था। उसने अपना एक दूत नागपुर मूदाजी भोंसले के पास भेजा। दूत का काम मूदाजी भोंसले को टीपू के विरुद्ध करना था।

अंग्रेज़ों का एक रेज़ीडेण्ट मैलेट पूना दरबार में रहा करता था। कार्नवालिस ने उसे एक पत्र लिखा, जिसमें लिखा गया था —

> ''ऐसे कारण पैदा होने चाहिएँ जिससे पेशवा दरबार और टीपू के बीच शत्रुता पैदा हो जाये।''
> (10 मार्च, 1778)

वह चाहता था कि टीपू की शक्ति को जैसे भी हो शीघ्र समाप्त किया जाये। अत: उसने स्वयं निज़ाम तथा मराठों को पत्र लिखे और इस बात के लिए उन पर जोर डाला कि तीनों सम्मिलित आक्रमण मैसूर पर करें। उससे प्राप्त इलाके तथा धन भी परस्पर बराबर बाँट लेंगे। सबसे ज्यादा आश्यर्चजनक बात यह हुई कि निज़ाम के साथ मराठे भी इस षड्‌यंत्र में भाग लेने हेतु तैयार हो गये।

इधर टीपू ने नरगुंड पर धावा बोल दिया। टीपू तथा नरगुंड के मुखिया के बीच पहले से तनाव चला आ रहा था। मराठों ने उसके इस आक्रमण को पसन्द नहीं किया। वे नरगुंड के मुखिया की सहायता नहीं कर सकते थे। उन्होंने टीपू को लौट जाने हेतु बहुत समझाया। पर टीपू ने मराठों की एक नहीं सुनी और नरगुंड तथा किट्टूर को जीत कर अपने राज्य में मिला लिया।

नाना फड़नवीस ने गोवा के पुर्तगालियों से सम्बंध बढ़ाये। इससे अंग्रेज़ घबराये और वे नाना के साथ हो लिये। यदि टीपू नरगुंड की छोटी-सी पहाड़ी चौकी पर हमला नहीं करता तो मराठों व अंग्रेजों से उसका युद्ध नहीं होता।

''मैसूर की लड़ाई एक अनिवार्य तथा निर्मम आवश्यकता थी।'' कार्नवालिस की इस उक्ति से स्पष्ट हो जाता है कि वह टीपू को प्रारम्भ से अपना शत्रु मान कर चला था।

टीपू ने त्रावनकोर पर आक्रमण किया और उसे बुरी तरह से कुचल डाला। इसी वक्त अंग्रेज़ी सेना ने मैसूर पर धावा बोल दिया। टीपू की सेना के साथ घमासान युद्ध हुआ। अंग्रेज़ी सेना पराजित होकर भाग खड़ी हुई।

इस पराजय के बाद कार्नवालिस स्वयं कलकत्ता से एक बड़ी सेना लेकर मद्रास पहुँचाा। वहाँ निज़ाम तथा मराठों की सेना भी अंग्रेज़ों की सहायता के लिये आ पहुँची थी। इस प्रकार तीनों ने मिलकर टीपू से युद्ध छेड़ दिया।

टीपू को मराठों तथा निज़ाम से यह आशा नहीं थी। वह तीनों शक्तियों से युद्ध करता हुआ पीछे हटने को विवश हुआ। इस प्रकार बंगलौर पर अंग्रेज़ों का अधिकार हो गया।

कार्नवालिस टीपू को मिटा डालना चाहता था। इसलिए उसने टीपू के सामन्तों तथा सरदारों को उत्कोच देकर अपनी ओर फोड़ लिया। टीपू का विश्वासपात्र यूरोपीय नौकर उसे धोखा देकर अंग्रेज़ों से जा मिला।

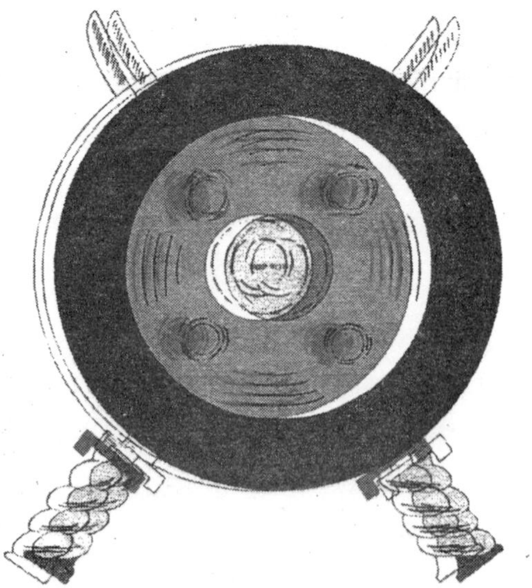

अब युद्ध मैसूर की राजधानी श्रीरंगपट्टम पर हो रहा था। टीपू ने इस युद्ध में अद्वितीय रणकौशल का परिचय दिया। फलत: कार्नवालिस श्रीरंगपट्टम को नहीं जीत सका। इधर बरसात शुरू हो गई। कार्नवालिस को रसद व युद्ध का सामान न पहुँचने के कारण मद्रास लौटना पड़ा।

बंगलौर की जनता के साथ अंग्रेज़ों की सेना ने जो अमानवीय व कठोर व्यवहार किया था, उसको अंग्रेज़ इतिहासकार मिल ने 'शोकजनक संहार' कहा है।

टीपू जान गया था कि इस वक्त युद्ध जारी रखना आत्मघातक सिद्ध होगा। अतः उसने अंग्रेज़ों से संधि करने में ही अपना हित समझा।

इतिहासकार मिल ने लिखा है कि ''टीपू ने अपने एक दूत के हाथ अनेक ऊँट फलों से लदवा कर संधि की इच्छा के प्रतीक रूप में कार्नवालिस की सेना में भेजे। लेकिन कार्नवालिस ने उन फलों को छुए बिना ही लौटा दिया। लूट के लोभ और यश की इच्छा ने इस समय भारत में अंग्रेज़ों को अंधा बना रखा था।''

वर्षा के बाद युद्ध फिर शुरू हुआ। मिडोज ने सोमरपीठ पर धावा बोला। यह श्रीरंगपट्टम की नाक समझा जाता था। मिडोज को अपने अभियान में ज़बर्दस्त शिकस्त मिली और उसके 2000 सैनिक मारे गये।

इधर कोयम्बटूर टीपू ने जीत लिया। 5 फरवरी, 1792 में कार्नवालिस ने श्रीरंगपट्टम पर पुनः धावा बोल दिया। टीपू बराबर संधि के प्रयास करता हुआ श्रीरंगपट्टम की रक्षा करता रहा।

इस बार संधि का प्रस्ताव टीपू ने मराठों को भिजवाया। वह इस प्रस्ताव को ठुकराने को तैयार नहीं थे। फलतः 23 फरवरी, सन् 1792 को श्रीरंगपट्टम में संधि की गई।

इस संधि के अनुसार टीपू को आधा राज्य अंग्रेज़ों, निज़ाम व मराठों को देना पड़ा। 30 हज़ार रुपयों का दण्ड भरना पड़ा और 3 करोड़ रुपया लड़ाई के खर्च में अदा करने के लिए टीपू को वायदा करना पड़ा। वायदा पूरा होने तक उसके दोनों बेटों को बंधक के तौर पर अंग्रेज़ों ने अपने अधिकार में रखा।

मैसूर का राज्य बिखर गया। स्वयं टीपू भी बिखर-सा गया। आठ वर्ष में जाकर युद्ध के खर्चे की अदायगी हो पाई। इस प्रकार टीपू को पूर्णतया पंगु बना दिया गया। कार्नवालिस चाहता तो टीपू के सम्पूर्ण राज्य को हस्तगत कर सकता था, लेकिन ऐसा करने से उन तीनों के बीच बँटवारे के प्रश्न को लेकर झगड़ा हो सकता था। अतः उसने मैसूर राज्य को पंगु बना कर छोड़ दिया।

लार्ड कार्नवालिस सात वर्ष तक गवर्नर जनरल के रूप में भारत में रहा। सन् 1793 में वह त्यागपत्र देकर इंग्लैण्ड लौट गया। वह स्वयं योग्य, ईमानदार और कर्मठ था। उसके शासन का आधार अर्थात् कर्मचारियों की नियुक्तियाँ या पदोन्नतियाँ भी रहीं। वह अपने सुधारों तथा ईमानदारी के कारण कम्पनी के गवर्नर जनरलों में निश्चित रूप से विशेष स्थान रखता था।

8 सर जान शोर

लार्ड कार्नवालिस के भारत से लौटने के बाद 28 अक्टूबर, 1793 को सर जान शोर गवर्नर जनरल पद पर आसीन हुआ। हेस्टिंग्स के समय बंगाल में वह कम्पनी में मुलाजिम् रह चुका था। और हेस्टिंग्स के अनेक गुप्त कार्यों में वह अत्यन्त उपयोगी सिद्ध हुआ था।

सर जान शोर ने अपने कार्यकाल में तटस्थता और हस्तक्षेप नहीं करने की नीति का अन्त तक पालन किया। उसके कार्यकाल में कम्पनी को निश्चित रूप से लाभ पहुँचा था।

पेशवा का सूर्यास्त

अब तक के ईस्ट इण्डिया कम्पनी के शासन में राजाओं, नवाब और उनके जैसे प्रभावशाली व्यक्तियों का लगभग अन्त-सा हो गया था। दिनोंदिन मुगल सम्राट कमज़ोर होता जा रहा था। महाराष्ट्र क्षेत्र में नाना फड़नवीस और सिंधिया अभी भी प्रभावशाली थे, परन्तु इनमें आपस में नहीं बनती थी। वे बराबर लड़ते रहते थे। उससे उनकी शक्तियाँ कमज़ोर पड़ती गईं। अंग्रेज़ उन्हें कमज़ोर बनाने के लिए लगातार षड्यंत्र रचते रहे।

माधवजी सिंधिया की मृत्यु से अंग्रेज़ों के रास्ते का काँटा स्वत: ही हट गया, परन्तु पूना दरबार में अभी अंग्रेज़ों की दाल नहीं गल रही थी। मैलेट ने इस बात का अपने एक पत्र में साफ उल्लेख किया है--

''पूना दरबार में जब तक नाना का प्रभाव काम कर रहा है, तब तक हम अपने उद्देश्य में सफलता प्राप्त नहीं कर सकते हैं।''

अंग्रेज़ राघोवा के पुत्र को पेशवा देखना चाहते थे क्योंकि उस पर उनका प्रभाव था। इसलिए पेशवा माधवराव नारायण को मरवाने का षड्यंत्र किया गया। पेशवा माधवराव नारायण 27 अक्टूबर, 1795 में उनका शिकार हो गया और अंग्रेज़ राघोवा के पुत्र को गद्दी पर बैठाने में सफल हो गये।

यद्यपि नाना का कहना था कि माधवराव नारायण की पत्नी किसी को गोद ले और वह गद्दी का मालिक हो। लेकिन मैलेट पूना में बैठा हुआ जिस तरह की चाल चल रहा था, उससे यह सम्भव नहीं था कि किसी को गोद ले पाती।

बाज़ीराव पेशवा तो बन गया, लेकिन मात्र अंग्रेज़ों की कठपुतली बनकर वह रह गया। एक प्रकार से पूना दरबार की बागडोर अंग्रेज़ों के हाथ में आ गई, क्योंकि बाजीराव अयोग्य और कमज़ोर था।

निज़ाम का सूर्यास्त

अंग्रेज़ों के साथ निज़ाम की फौज ने टीपू सुल्तान का मुकाबला किया था। तब निज़ाम की उनको आवश्यकता थी। अब निज़ाम से काम निकल चुका था। अतः अपनी नीति के अनुसार अंग्रेज़ों ने उससे आँखें फेरनी शुरू कर दीं।

पेशवा की सेना ने निज़ाम पर आक्रमण किया। निज़ाम ने गवर्नर जनरल सर जान शोर को लिखा और तुरन्त सहायता की मांग की, जिसे उसने नज़र अन्दाज़ कर दिया। फलतः निज़ाम हार गया।

निज़ाम इससे अंग्रेज़ों से सख्त नाराज़ हो गया। उसने अंग्रेज़ों को लिखा कि अंग्रेज़ों की सेना जो निज़ाम के व्यय पर चल रही है उसे सरहद से तुरंत हटा लिया जाये।

अंग्रेज़ तो निज़ाम पर घात लगाये बैठे थे। उन्होंने निज़ाम के लड़के आलीजाह को भड़का कर निज़ाम के खिलाफ खड़ा कर दिया। फिर क्या था ? निज़ाम अंग्रेजों के सामने झुक गया और उसे अपमानजनक संधि स्वीकार करनी पड़ी।

सर जान शोर ने कर्नाटक के नवाब के साथ भी विश्वासघात किया और अवध के नवाब की शान भी मिट्टी में मिला दी। उसने डचों को भी भारत से खदेड़ने में सफलता प्राप्त की थी।

कम्पनी ने सर जान शोर की प्रशंसा की। उसने जो कुछ किया वास्तव में उससे कम्पनी की जड़ें मज़बूत हुईं।

9 मार्क्विस वेल्सली

इंग्लैण्ड के प्रधानमंत्री पिट के निर्देशानुसार मार्क्विस वेल्सली को भारत के गवर्नर जनरल पद पर रह कर राजा तथा नवाबों के रहे-सहे अस्तित्व को समाप्त करना था। वह 1798 से 1805 तक भारत में रहा।

सहायक संधि के शिकार

वेल्सली के काल में 'सहायता संधि' ('सबसिडियेरी एलायन्स') का बहुत ज़ोर रहा। दरअसल यह उसकी अपनी सूझ-बूझ थी — देशी राजाओं और नवाबों के अस्तित्व को मिटाने की।

वेल्सली की इस नीति ने भारत के समस्त राजा तथा नवाबों को प्रभावहीन और अस्तित्वरहित-सा कर दिया। वेल्सली ने सर्वप्रथम मित्र राज्यों को सहायक संधि करने के लिए विवश किया।

निज़ाम सर्वप्रथम इस संधि का शिकार हुआ। निज़ाम ने फ्रांसीसियों को अपने यहाँ नियुक्त किया था। वह अंग्रेज़ों से असन्तुष्ट था। परन्तु उनके प्रभाव के कारण वह उनसे भयभीत था। इस संधि के अनुसार निज़ाम को समस्त फ्राँसीसी कर्मचारी हटाने पड़े और अंग्रेज़ों की छह बटालियनों को रखना पड़ा।

अवध का नवाब इस संधि का शिकार दूसरे नम्बर पर हुआ। उसका आधा राज्य अंग्रेज़ी राज्य में मिला लिया गया। उसकी सेना भंग कर दी गई। अंग्रेज़ों के सैनिक दस्तों की संख्या बढ़ा दी गई।

टीपू का सहायक संधि से इनकार

टीपू सुल्तान अंग्रेज़ों से बदला लेना चाहता था। उसने इंग्लैण्ड और फ्राँस के मध्य चल रहे युद्ध से लाभ उठाने हेतु फ्राँस से अपने सम्बंध मधुर बनाए और कुस्तुन्तुनिया, अरब, मॉरीशस व काबुल अपने राजदूत भेज कर शक्ति अर्जित करनी चाही। उसने अनेक फ्राँसीसी अफसर अपने यहाँ नियुक्त किये।

उस वक्त उसके पास भी सहायक संधि करने का प्रस्ताव भेजा गया था, जिसे उसने स्वीकार नहीं किया।

वेल्सली ने निज़ाम व मराठों को अपनी ओर फोड़ा। उन्हें भी जीते हुए भाग का हिस्सा मिलेगा यह आश्वासन दिया गया। मराठों का तो उत्तर नहीं मिला, लेकिन वेल्सली ने मैसूर पर धावा बोल दिया, जिसमें टीपू सुल्तान पराजित हुआ और अपने किले के मुख्य द्वार पर युद्ध करता हुआ मारा गया।

हैदरअली, जिसके पूर्वजों से मैसूर छीना गया था, वेल्सली ने उसी को यह राज्य लौटा दिया। लेकिन जो संधि उससे हुई वह वहाँ के शासक के अधिकारों के अन्त का सूचक थी।

मराठों का पतन

वेल्सली ने एक के बाद एक भारत की बड़ी शक्तियों को अपने में मिला लिया था। वह समस्त भारत को अपना उपनिवेश बनाने के सपने देख रहा था। इस वक्त उसके सामने मराठा शक्ति ही ऐसी थी जिसे उसे समाप्त करना था। मराठों में गायकवाड़ तो ऐसा था जोकि अंग्रेज़ों के चंगुल से एकदम बाहर था। दूसरे मराठे सिंधिया और होल्कर के नेतृत्व में अपने साम्राज्य को बढ़ाने में जुटे हुए थे। वेल्सली ने तत्कालीन मराठा शक्ति के बारे में स्वयं लिखा है—

''भारत में सुदृढ़तम आधार पर शान्ति स्थापित करने और फ्राँसीसियों के हस्तक्षेप को हमेशा के लिए समाप्त करने हेतु, यह बहुत ज़रूरी था कि अंग्रेज़ सरकार मराठों को अपने अधीन कर ले।''

मराठों का छत्रपति राजा सितारा तो उस समय एक राजनीतिक बंदी था। पेशवा ने उसके अधिकार हड़प लिये थे। पेशवा पर नाना फड़नवीस का पूरा-पूरा अधिकार था। सिंधिया और होल्कर एकदम निर्द्वन्द्व और स्वतंत्र थे। बरार का स्वतन्त्र शासक भोंसले था। इन चारों में परस्पर वैमनस्य और शत्रुता थी। वेल्सली के समय सिंधिया पेशवा को दबाना चाहता था। नाना ने 38 वर्ष तक मराठे सरदारों को अलग नहीं होने दिया। उसकी मृत्यु के बाद दौलतराव सिंधिया, जसवन्तराव होल्कर और पेशवा बाजीराव द्वितीय एक-दूसरे के लिए तीन और छह के अंक बन गये।

बाजीराव ने होल्कर से बदला लेने के लिए उसके भाई विट्ठूजी होल्कर की हत्या करवा दी। जसवन्तराव होल्कर ने भाई की हत्या का बदला लेने के लिए पूना पर हमला कर दिया और सिंधिया तथा पेशवा की संयुक्त सेना को बुरी तरह हरा दिया।

इधर बाजीराव द्वितीय ने बेसिन में जाकर शरण ली। अंग्रेज़ों ने उसका स्वागत किया। वेल्सली ने परिस्थिति में फंसे बाजीराव द्वितीय को सहायक संधि की गिरफ्त में ले लिया। होल्कर ने राघोवा के दत्तक पुत्र के बेटे विनायकराव को पेशवा बना दिया।

बाजीराव द्वितीय पुनः पूना की गद्दी पर बैठना चाहता था। इसके लिए बेसिन की संधि पर बाजीराव पेशवा द्वितीय ने हस्ताक्षर कर दिये। इससे अंग्रेज़ों के प्रभाव का विस्तार हो गया। एक वर्ष बाद ही अर्थात् 1803 में बाजीराव द्वितीय को पूना की गद्दी पर बैठा दिया गया। मराठा संघ को यह संधि आँखों में खटकने लगी। जसवन्तराव होल्कर ने कहा था, ''इस संधि के द्वारा पेशवा ने मराठों की शक्ति को बेच दिया है।''

अब सिंधिया को कमज़ोर बनाने की साज़िश शुरू हुई क्योंकि वह मराठा सरदारों में सबसे अधिक शक्तिशाली था। वेल्सली ने सिंधिया और भोंसले को अलग-अलग पत्र लिखे जिसमें उन्हें धमकी दी गई। सिंधिया को लिखा, ''आप अपनी राजधानी में बने रहें,'' और भोंसले को लिखा, ''नागपुर लौट जायें। यदि

पूना की तरफ कदम बढ़ाया तो हमले का उत्तरदायित्व आपका होगा।'' वेल्सली नहीं चाहता था कि पेशवा, भोंसले और सिंधिया आपस में मिल पायें।

अंग्रेज़ों ने खूब तैयारी करने के बाद असाये नामक मोर्चे में सिंधिया तथा होल्कर की संयुक्त सेना को पराजित किया। भोंसले तो पूर्णतया पराजित हुआ। अंत में सिंधिया तथा भोंसले को अपमानजनक संधि अंग्रेज़ों से करनी पड़ी। फलतः मराठों की शक्ति का सूर्य अस्त को गया।

होल्कर के लिए प्रयत्न

अब मराठा शक्ति में मात्र होल्कर शेष रहा था। वेल्सली की योजना होल्कर को पराजित करने की थी। होल्कर ने जयपुर राज्य पर आक्रमण किया उसे लूटा और अंग्रेज़ी कम्पनी से चौथ चाही जिसे वेल्सली ने अस्वीकार कर दिया। वेल्सली के सामने उससे लड़ने के अलावा दूसरा कोई चारा नहीं रह गया था। उसने होल्कर के विरुद्ध युद्ध की घोषणा कर दी।

सन् 1806 ई० में वेल्सली ने होल्कर पर तीन तरफ से आक्रमण कर दिया। होल्कर बहुत चालाक तथा नीति-कुशल था। इससे पूर्व कि तीनों अंग्रेज़ सेनापति मिल पायें, उसने मानसन पर चढ़ाई कर दी। मानसन बुरी तरह पराजित हुआ। मानसन की पाँच बटालियनों और छह टुकड़ियों को होल्कर ने नेस्त-नाबूद कर दिया। मानसन बमुश्किल जान बचा कर आगरा की तरफ भागने में सफल हो सका।

होल्कर ने पुनः अंग्रेज़ों के सामने अपनी बातें दोहराईं। हरियाणा प्रदेश व गंगा-जमुना के मध्य के बारह ज़िले उसने माँगे। चौथ चाही। मराठों के राज्य में हस्तक्षेप न करने का वायदा चाहा। इसके फलस्वरूप अंग्रेज़ सरकार काँप गई और वेल्सली ने लेक को आदेश देते हुए लिखा—

''जसवन्तराव होल्कर तथा उसके लुटेरे साथियों को हराने के लिए जिस तरह सम्भव हो सके परिश्रम और प्रयत्न करो।''

लेकिन अंग्रेज़ उसका कुछ नहीं बिगाड़ सके। चार बार उससे बुरी तरह पराजित हुए। इससे अंग्रेज़ों की इज्जत को गहरा धक्का लगा। कम्पनी पर 310 लाख तक ऋण बढ़ गया। अतः वेल्सली को तुरंत इंग्लैंड वापिस बुला लिया गया।

10 शक्तिशाली होते ब्रिटिश शासक

लार्ड मिण्टो

वेल्सली के बाद पुनः कार्नवालिस भारत आया था। लेकिन अस्वस्थ रहने के कारण उसे लौट जाना पड़ा। उसके बाद लार्ड जार्ज बार्लो गवर्नर जनरल होकर भारत आया परन्तु वेल्लौर में हुए सैनिक विद्रोह के कारण उसे भारत से वापिस बुला लिया गया। उसके बाद लार्ड मिण्टो गवर्नर जनरल होकर भारत आया और 1813 तक वह भारत में रहा।

जब वह भारत आया था। तब कम्पनी की स्थिति बहुत नाजुक थी। सैनिकों का कई माह का वेतन शेष था। कम्पनी पर कर्ज़ा अलग था। अंग्रेज़ों का प्रजा के साथ व्यवहार अच्छा नहीं था। अत: जहाँ भी अंग्रेज़ थे वहाँ के लोग उनके विरुद्ध हो गये। अंग्रेज़ी इलाकों में चोरी और डकैती की आये दिन अनेक घटनाएँ हो जाया करती थीं।

जसवन्तराव की मृत्यु हो चुकी थी, परन्तु अंग्रेज़ों के मन पर होल्कर का भय स्थायी रूप से जम चुका था। मराठों में परस्पर मतभेद था। वे कभी संगठित होकर नहीं रह सके। जसवन्तराव के मरने के बाद शासन की बागडोर अमीरखाँ के हाथ में आ गई थी, क्योंकि रानी तुलसीबाई ने मल्हार राव को गोद लिया था। वह बहुत छोटा था। अमीरखाँ अंग्रेज़ों के पक्ष में था।

जसवन्तराव के कीमती जवाहरात बरार के राजा के पास रखे थे। उन्हें लौटाने के लिए अमीरखाँ ने लिखा था, परन्तु उसका कोई सन्तोषप्रद उत्तर नहीं मिला।

बरार के राजा ने सहायक संधि स्वीकार नहीं की। लेकिन जब निज़ाम और अमीरखाँ की सेना बरार पर आ गई, तब मिण्टो ने उसे समझाया कि वे दोनों मुसलमान हैं और शीघ्र ही उस पर आक्रमण करने वाले हैं। मजबूरन बरार का राजा अंग्रेज़ों के प्रभाव-चंगुल में फँस गया। लार्ड मिण्टो ने बरार की रक्षा करने हेतु, अंग्रेज़ सेना भेज दी। अमीरखाँ को बरार की सीमा से लौट जाना पड़ा वह अंग्रेज़ों की दोहरी चाल को समझ गया था। वह होल्कर के साथ किये विश्वासघात के लिए सदैव पश्चाताप करता रहा था। लार्ड मिण्टो की यह नीति रही थी कि सीधे युद्ध न करके देशी राजाओं को परस्पर लड़ाकर उनकी शक्ति क्षीण करते रहो। इसके अलावा उसके राज्य में कोई अन्य महत्वपूर्ण घटना नहीं घटी।

लार्ड हेस्टिंग्स

लार्ड मिण्टो के बाद लार्ड हेस्टिंग्स अर्थात् मार्क्विस ऑफ हेस्टिंग्स गवर्नर जनरल होकर भारत आया। वह 1813 से 1823 तक भारत में रहा। इस बार कम्पनी के डायरेक्टरों की निगाह देश के व्यवसाय पर पड़ी। भारत की व्यावसायिक उन्नति उस वक्त चोटी पर थी। इटली, चीन, जापान, लंका, अफ्रीका, ईरान, अरब, मिस्र आदि देशों में भारत का व्यवसाय फैला हुआ था। इंग्लैंड में भारत के कपड़ों की माँग बराबर बनी रहती थी। प्रसिद्ध इतिहासवेत्ता लेकी ने लिखा है—

''भारत में जो कपड़े तैयार होते हैं, वे अत्यन्त नफ़ीस और बढ़िया होते हैं। कैलिको का मलमल, छींट तथा रंगीन कपड़े भारत से बड़ी संख्या में इंग्लैंड आया करते थे।''

इस बार देशी राजाओं को छोड़कर भारतीय व्यापार को समाप्त करना अंग्रेज़ों का मुख्य उद्देश्य हो गया। इंग्लैंड उन दिनों व्यापार में भारत से मीलों पीछे था। उधर फ्रांस के विश्वविजयी नैपोलियन बोनापार्ट के कारण अंग्रेज़ों के व्यापार को बहुत हानि हुई थी।

फ़लतः भारतीय जुलाहों ने अपना पैतृक धंधा छोड़ना शुरू कर दिया। अंग्रेजों के इन अत्याचारों को देशी राजा भी आँख मीच कर देखते रहते थे। देशी राजाओं को हुक्म दिया गया कि भारतीय व्यापारी अपना माल केवल अंग्रेज व्यापारियों को ही बेचें।

भारत का माल बाहर न बिक सके परन्तु इंग्लैंड का माल ज़रूर भारत में बिके इसके लिए इंग्लैंड के माल को महसूल-रहित कर दिया गया और भारत के माल को महसूल-युक्त कर दिया गया, जिससे उसका भाव ऊँचा रहे।

धीरे-धीरे भारत का व्यापार चौपट होता गया। अंग्रेज़ों के इस षड्यंत्र ने भारत की स्थिति शोचनीय बना दी और उसके लाभ के स्रोत बंद कर दिये।

लार्ड एमहर्स्ट

लार्ड हेस्टिंग्स ने त्याग-पत्र दे दिया था। उसके बाद भारत का गवर्नर जनरल लार्ड एमहर्स्ट होकर आया। वह 1823 से 1828 तक भारत में रहा। उसके शासन काल में तीन उल्लेखनीय घटनाएँ घटी थीं — (1) बर्मा युद्ध, (2) बैरकपुर का विद्रोह और (3) भरतपुर विजय।

बर्मा युद्ध

उसने व्यापार बढ़ाने के लिए बर्मा का युद्ध थोपा जो दो वर्ष तक चलता रहा। इस युद्ध में अंग्रेज़ों की हालत नाजुक को गई। 15 दिसम्बर के निर्णायक युद्ध में महाबुंदेला को पीछे हटना पड़ा। वह रंगून से ईरावती तट पर आ गया। सन् 1825 ई० की अप्रैल को बर्मा के सेनापति महाबुंदेला को गोली लग गई और वह स्वर्ग सिधार गया। उसके बाद बर्मा की स्थिति नाजुक होती गई और 24 फरवरी, 1826 ई० को यान्डबू की संधि हुई जिसमें बर्मा को पर्याप्त नुकसान उठाना पड़ा। युद्ध की क्षतिपूर्ति के लिए एक करोड़ रुपया देना पड़ा। आसाम व शाहपुरी द्वीप अंग्रेज़ों के हाथ लगे। व्यापार सम्बंधी संधि भी की गई।

बैरकपुर का विद्रोह

देशी सैनिकों में यह बात घर कर गई कि बर्मा जाने से उनका धर्म भ्रष्ट हो जाएगा। बर्मा के लोग जादूगर हैं। सन् 1824 ई॰ में सिपाहियों ने इस बात को लेकर विद्रोह खड़ा कर दिया। अंग्रेज़ों ने सैनिकों की एक न सुनी और विद्रोही सैनिकों को ब्रिटिश तोपखाने से उड़ा दिया गया।

विश्व के इतिहास में ऐसा निर्मम हत्या-काण्ड दूसरा नहीं मिलता है। अंग्रेज़ों ने विद्रोही सैनिकों को भुलावे में डाल कर उनसे हथियार ले लिये और निहत्थे सैनिकों को गोली से मार डाला।

भरतपुर विजय

वेल्सली के समय में अंग्रेज़ों को चार बार भरतपुर में पराजय का सामना करना पड़ा था। उस हार का बदला लेने के लिए वे अवसर की खोज में थे। 1825 में भरतपुर महाराज की मृत्यु हो गई। महाराज के भाई दुर्जनसाल तथा अल्पवयस्क पुत्र में युद्ध शुरू हो गया। अल्पवयस्क पुत्र 25 हज़ार सेना व तोपें लेकर अंग्रेज़ों से मिल गया। कम्पनी ने अल्पवयस्क पुत्र को गद्दी पर बिठलाने के लिए उसे भरतपुर का महाराज घोषित कर दिया। तब तक दुर्जनसाल ने भरतपुर की गद्दी हथिया ली थी और स्वयं को भरतपुर का महाराज घोषित कर दिया था।

अंग्रेज़ों ने भरतपुर का किला सुरंगें बिछा कर जीता। इस काम के लिए उन्होंने खूब रिश्वत दी। 18 जनवरी, 1826 को भरतपुर के किले पर अंग्रेज़ों का अधिकार हो गया। इस प्रकार आपसी फूट से लाभ उठा कर भरतपुर के किले को अंग्रेज़ जीतने में सफल हुए।

लार्ड विलियम बेण्टिक

लार्ड विलियम बेण्टिक 1828 से 1836 ई॰ तक भारत का गवर्नर होकर रहा। वह उदार था, दृढ़ संकल्पी था और सुयोग्य था। उसने 'जनता कल्याण' भारत में अंग्रेज़ों का प्रमुख उद्देश्य माना था। वह सामाजिक कारणों से बहुत प्रसिद्ध हुआ। उससे एक नये अध्याय का आरम्भ हुआ। उसने बुद्धिमत्ता से भारत में शासन किया। सत्य का सहारा लिया। उससे 'पाश्चात्य स्वतंत्रता' की लहर का आभास हुआ।

उसने सैनिक भत्ता घटा कर दो लाख रुपये की सालाना बचत की। उसने भारतीयों को शासन में महत्वपूर्ण पद भी देने शुरू कर दिये। अंग्रेज़ जान-बूझ कर भारतीयों को अफसर नहीं बनाते थे। उसने भारतीयों को अफसर बनाया। बचत का पैसा उसने भारतीयों की स्थिति सुधारने में लगाना चाहा जिसे कम्पनी के डायरेक्टरों ने नापसन्द किया।

मंदिर, मस्जिद आदि से जुड़ी ज़मीन पर उसने लगान शुरू किया, जिससे राज्यकोष में 30 लाख का इजाफ़ा हुआ। उसने अफीम के व्यापार के लिए लाइसेन्स जारी किये। इससे भी आमदनी बढ़ी।

सामाजिक क्षेत्र में उसकी सेवाएँ अविस्मरणीय हैं। सती प्रथा को उसने कानूनन बन्द करार दे दिया। ठगों को उसने ठिकाने लगा दिया जो धर्म के नाम पर जान-माल को लूटते थे। नर-बलि व बाल-प्रथा,

दास-प्रथा को बंद किया और धर्म-परिवर्तन की नीति को सुधारा। छापेखाने की स्वतंत्रता से जन-जागृति को बहुत लाभ पहुँचा। उसने शिक्षा पर बहुत ज़ोर दिया। प्रशासन में भारतीयों का प्रयोग करने की दृष्टि से अंग्रेज़ी सिखाने की ओर विशेष ध्यान दिया। मैकाले की अध्यक्षता में गठित कमेटी के निर्णयों के अनुसार उसने शिक्षा का माध्यम अंग्रेज़ी को बनाया ताकि प्रशासन का काम सुचारु रूप से चल सके। फलतः नौकरी में धर्म, जन्म, वंश तथा रंग भेद को कोई महत्व नहीं दिया।

उसकी सबसे बड़ी उपलब्धि यह रही कि वह भारत में अंग्रेज़ी भाषा की नींव रखने में सफल हुआ और मानव-जाति को तमाम भेदों से परे रखा। उसने भारत की जनता की भलाई के लिए सच्चे हृदय से काम किया।

लार्ड आकलैण्ड

लार्ड आकलैण्ड 1837 से 1842 तक भारत का गवर्नर जनरल रहा था। वह भी सुधारक था। उसने भारतीय छात्रों को डाक्टरी पढ़ाने की व्यवस्था की और सिंचाई के लिए नहरें खोदने पर ज़ोर दिया।

अफ़गानिस्तान छोड़ते समय अंग्रेज़ों पर क्रुद्ध अफगानी सैनिक टूट पड़े और उन्होंने उन्हें बुरी तरह भुन डाला। काबुल से 16 हज़ार व्यक्ति चले थे, उनमें से केवल एक सौ बीस बच सके। दुर्घटना के कारण उसे वापिस बुला लिया गया।

लार्ड एलेनबरा

लार्ड एलेनबरा 1842 से 1844 तक भारत में गवर्नर जनरल रहा था। उसने अफ़गानिस्तान से अंग्रेज़ों के अपमान का बदला लिया और काबुल पर ब्रिटिश झण्डा फहरा दिया। उसने नाना साहब को गद्दी पर बैठाने के लिए ग्वालियर को पराजित किया। ग्वालियर राज्य को संधि के लिए विवश होना पड़ा।

इससे ग्वालियर की सैनिक शक्ति पर्याप्त कम हो गई और अंग्रेज़ों का दखल ग्वालियर में सीधे शुरू हो गया।

लार्ड हार्डिंज

लार्ड एलेनबरा को डायरेक्टरों ने वापिस बुला लिया और लार्ड हार्डिंज को गवर्नर जनरल बना कर भारत भेज दिया। वह 1844 से 1848 तक भारत में रहा।

उसने यह आज्ञा निकाली कि अंग्रेज़ी पढ़ा-लिखा व्यक्ति ही शासन की नौकरी पा सकेगा। उसने मुक्त व्यापार को प्रोत्साहन दिया। रेलों की व्यवस्था की। बहुत-सी चुंगियाँ खत्म कर दीं। नमक-कर कम किया। उसने सिक्खों के प्रभाव को कम किया। उसने प्रसिद्ध वाटरलू की लड़ाई में भाग लिया और वह युद्ध सचिव जैसे पद पर रहा। अंततः उसने अंग्रेज़ सेना को सुदृढ़ करने के सफलता प्राप्त की।

लार्ड डलहौज़ी

लार्ड डलहौज़ी 1848 से 1856 तक भारत में गवर्नर जनरल के रूप में रहा। अंग्रेज़ों की शक्ति बढ़ाने तथा साम्राज्य का विस्तार करने में उसने पर्याप्त कामयाबी हासिल की। वह तमाम देशी राज्यों को अंग्रेज़ी राज्य में मिलाने के लिए आतुर था। वह 36 वर्ष की आयु में भारत का गवर्नर जनरल बना था।

उसने 1848 में सतारा, 1849 में सम्बलपुर व जैतपुर, 1850 में बघाट, 1852 में उदयपुर, 1853 में झाँसी व बरार और 1854 में नागपुर में गोद लेने की प्रथा को समाप्त कर इन राज्यों को अंग्रेज़ी राज्य में मिला लिया था।

उसने केवल इतना ही नहीं किया, अपितु उसने उपाधियाँ एवं पेंशनें भी समाप्त कर दीं।

उसने तार, रेल, डाक पद्धति को बहुत सशक्त बनाया तथा उनमें व्याप्त बुराइयों को दूर किया। उसने सड़कें, नहरें व पुल भी बनवाये। धर्म–परिवर्तन के साथ व्यक्ति अपनी पैतृक सम्पत्ति से वंचित नहीं किया जाएगा उसने यह आदेश जारी किया।

शिक्षा में प्रान्तीय भाषाओं को अंग्रेज़ी के साथ उसने उचित महत्व दिया। वह शिक्षा को व्यापक बनाने के पक्ष में था। 1857 ई॰ में स्थापित विश्वविद्यालय उसी के लिए गए निर्णयों का प्रतिफल थे। बम्बई, मद्रास व कलकत्ता में उसने विश्वविद्यालय खुलवाये थे।

उपसंहार

भारत में अंग्रेज़ों का आगमन ऐसी दुर्घटना थी, जो भारत के भविष्य को निगल गई और जिसने उसे अति दयनीय स्थिति में जीने के लिए विवश कर दिया।

व्यापारी अंग्रेज़ यहाँ की कमज़ोरियों, चरित्र-भ्रष्टता, आदि का लाभ उठा कर शासक बन बैठा। उसने स्वप्न में भी नहीं सोचा था कि वह यहाँ का भाग्यविधाता बन सकता है। यहाँ का विकसित रोज़गार छिन्न-छिन्न हो गया। यहाँ के शासक अपनी प्रजा के हित की रक्षा नहीं कर सके। वे स्वार्थों में इतने अंधे हो गये कि उन्हें यह ध्यान ही नहीं रहा कि वे प्रजा के स्वीकराने से राजा-नवाब हैं, प्रजा ही उनका भाग्य है।

अंग्रेज़ों को दोष देकर आज हम अपने कर्त्तव्य की इतिश्री मान लेते हैं। वास्तवितकता यह है कि जहाँ वे राजा-नवाब दोषी हैं वहाँ जनता भी दोषी है कि उसने ऐसे राजा-नवाब को स्वीकार क्यों किया। प्रजा भी तो सजग नहीं रही। उसने भी तो प्रजा होने का दायित्व नहीं निभाया। हम इस पतन के लिए किसी एक को दोषी करार नहीं दे सकते हैं। इसके लिए हम सब कमोबेश में ज़िम्मेदार हैं।

फिर भी, हमें अपने पतन का विश्लेषण करना चाहिये और उससे भविष्य में सबक लेना चाहिए। जब हम ऐसा करने लगते हैं तब हमारे सामने निम्न तत्व आते हैं—

1. देशी राज्य परस्पर की लड़ाई और कटुता के कारण अंग्रेज़ों के शिकार बनते गये।
2. भारत जैसा सशक्त देश किस प्रकार आपसी मतभेदों तथा स्वार्थों के कारण समाप्त होता चला गया, क्या-क्या अत्याचार, अन्याय और कष्ट उसने नहीं सहे!
3. केवल पारस्परिक अविश्वास व स्वार्थ के कारण भारत अपनी स्वतंत्रता खो बैठा। इससे यह स्पष्ट हो जाता है कि इस प्रकार से कोई भी देश अपने पाँवों पर स्वयं कुल्हाड़ी मार सकता है और अपनी गुलामी के लिए स्वयं ज़िम्मेदार बनता है।

11

प्रथम स्वतंत्रता संघर्ष

यह देश सदियों से गुलाम चला आ रहा था। गुलाम वंश से भी पहले, बहुत पहले, इस देश को विदेशी आक्रांताओं व आक्रमणकर्ताओं ने रौंदा था, इसे पद्दलित किया था।

भारत को आज़ाद कराने के प्रयास में क्या हिन्दू, क्या मुसलमान सभी सम्मिलित थे। अंग्रेज़ों के खिलाफ यानी ईस्ट इण्डिया के खिलाफ विद्रोह हुआ। अंग्रेज़ों ने इस विद्रोह को गदर की संज्ञा दी। बाद में इस विद्रोह का विश्लेषण किया गया और इसे स्वाधीनता का पहला प्रयास कहा गया।

उस समय 'सिराजुल अखबार', 'देहली उर्दू अखबार', 'सादिकुल अखबार', और 'तिलिस्मे लखनऊ', अखबार निकल रहे थे। उनमें अठारह सौ सत्तावन के बारे में काफी कुछ सिलसिलेवार छपता रहा था। इन अखबारों से जागृति पैदा हुई। उस समय की आँखों देखी बातें सामने आईं।

सन् 1856 की बात है — डलहौजी यहाँ से जा चुका था। लार्ड की उसको उपाधि मिली थी अंग्रेज़ी सरकार से। वह फरवरी, 1856 में इस देश से वापस गया था। 29 फरवरी को उसके स्थान पर लार्ड केनिंग गवर्नर जनरल बनकर भारत आया था। लार्ड डलहौज़ी भी गवर्नर जनरल था।

उसने अंग्रेज़ी राज्य का विस्तार किया था। उसके लिए उसने जितना बन सका, अन्याय किया, षड्यंत्र रचे और बलात् राज्यों को अंग्रेज़ी राज्य में मिलाया। उसने गोद लेने की प्रथा बंद की। कुशासन का आरोप लगा कर अवध राज्य को अपने राज्य में मिलाया।

अवध के नवाब ने उसका विरोध नहीं किया। अवध का नवाब था वाजिदअली शाह। वह अत्यन्त विलासी, आलसी और चरित्रभ्रष्ट शासक था। उससे कम्पनी ने चाहा कि वह यह लिख दे कि वह कम्पनी को स्वेच्छा से राज्य सौंप रहा है। उसने ऐसा करने से साफ़ इनकार कर दिया। लार्ड हलहौज़ी ने ज़बर्दस्ती उसका राज्य अंग्रेज़ी राज्य में मिला लिया।

नवाब बंदी बना लिया गया। उसकी बेगमों के साथ बुरा व्यवहार हुआ। यह बड़ी शर्मनाक घटना थी।

लार्ड डलहौज़ी ने सतारा, संभलपुर, जैतपुर, नागपुर, झाँसी आदि को भी इसी तरह अपने राज्य में मिलाया था। उसने कुशासन का आरोप लगा पेंशन व पदों की समाप्ति कर दी थी। इससे चारों ओर विद्रोह की हवा फैलने लगी थी।

राजाओं नवाबों के पास जो कुछ था, वह जनता का ही था। नवाब गए, राजा गए तो फिर उनकी प्रजा कहाँ रह गई! वह भी उनके अधीन हो गई। राजा और नवाब तो उसके थे, अपने थे।

लार्ड केनिंग नेक इन्सान था। पढ़ा-लिखा था। क्लाइव लगभग अनपढ़ ही था। लेकिन लार्ड केनिंग ने पढ़ाई-लिखाई को जीया था। वह विनर्म और शान्तिप्रिय था। लेकिन वह जिस समय यहाँ आया उस समय यहाँ अन्दर ही अन्दर विद्रोह की आँधी सुलग रही थी। वह इस बात को जानता था। ''लार्ड केनिंग ने कहा था, हिन्दुस्तान में ऊपरी शान्ति ज़रूर है, परन्तु उस देश के क्षितिज पर एक नन्हा-सा काला बादल भी नज़र आ रहा है। मैं परमपिता परमेश्वर से विनती करता हूँ कि इस नन्हे-से काले बादल को बड़ा रूप न प्राप्त हो।''

सैनिक विद्रोह

मेरठ छावनी और कारखाना। वहाँ हथियार बनते थे। वहाँ एक फौजी छावनी थी। फौजी छावनी में ज्यादातर कान्यकुब्ज ब्राह्मण थे। उनमें एक दलित भी था।

तब दलित अछूत माने जाते थे। अन्य जाति वाले उसके स्पर्श से दूर रहते थे। वह दलित बहुत प्यासा था। उसने कुएँ के पास एक ब्राह्मण सिपाही को देखा। उसके हाथ में पानी से भरी बाल्टी थी। दलित से नहीं रहा गया। थोड़ी देर के लिए वह भूल गया कि वह दलित है और उसके सामने एक ब्राह्मण सिपाही खड़ा हुआ है। उसने अत्यन्त विनम्रता से कहा :

''पंडित जी, मुझे बहुत ज़ोर की प्यास लगी है। कृपया मुझे पानी पिला दें।''

''पानी, और तुझे?'' वह ब्राह्मण सिपाही गुर्राया।

''दया कीजिए, पंडितजी, मैं बहुत प्यासा हूँ।''

''अपनी औकात भूल गया क्या?''

''जानता हूँ, पंडितजी, मैं दलित हूँ। अछूत हूँ।''

''फिर भी तेरा यह दुस्साहस?''

''लाचार हूँ। दया कीजिए, पंडितजी।''

''ब्राह्मण एक दलित को पानी पिलाए... ?''

''तो क्या हुआ, पंडितजी?''

''तू चाहता है कि मैं धर्म छोड़ दूँ? ब्राह्मण वर्ग मुझे जाति से बाहर कर दे... ?''

''पानी पिलाने से, और वह भी ऐसी मुसीबत में...''

''ब्राह्मण दलित को पानी पिलाए......कभी तूने ऐसा सुना है? जा भाग, अथवा रास्ता ले।''

प्यास से व्याकुल उस दलित को ताव आ गया। वह व्यंग्य से बोला, ''पंडित जी, आपका धर्म तब नष्ट नहीं होता है जब आप अंग्रेज़ों द्वारा दिए गए नए कारतूसों का प्रयोग करते हो?''

''उससे धर्म क्यों नष्ट होने लगा?''

वह दलित ज़ोर की हँसी हँसा। कुछ देर रुक कर बोला, ''भोले ब्राह्मण देवता, कुछ पता भी है?''

"क्या पता नहीं है?"

"यही कि उन कारतूसों के तस्में दाँतों से खोलते हो।"

"फिर क्या हुआ?" उस ब्राह्मण ने सहज कहा।

"यह पूछो कि क्या नहीं हुआ?"

"बहस मत कर। साफ़-साफ़ कह, और वह भी तुरंत।"

"इन नये कारतूसों के तस्मे गौ और सूअर की चमड़ी से बने हुए हैं।"

"नहीं-नहीं... ऐसा नहीं हो सकता।"

वह दलित ज़ोर से हँसा और देर तक हँसता रहा। चलते हुए बोला, "धर्म के ठेकेदार! तुम्हारा यही धर्म है?"

वह तो प्यासा ही चला गया तुरन्त कारतूसों के तस्मे गौ और सूअर की चमड़ी से बने हैं, यह बात सारी छावनी में जंगल में लगी आग-सी फैल गई।

रात का समय था। इस छावनी की 34 नम्बर पलटन के सिपाही मंगल पाण्डे ने चीख-चीख कर यह कहना शुरू किया, "अंग्रेज़ हिन्दुओं का धर्म नष्ट करने पर तुले हुए हैं। नये कारतूसों के तस्मे में गौ और सूअर की चरबी का प्रयोग हुआ है। हिन्दू सिपाहियों, यदि अपने धर्म की रक्षा करना चाहते हो तो नौकरी छोड़ दो। नौकरी से धर्म श्रेष्ठ है।"

सिपाहियों में मंगल पाण्डे की बात से जोश पैदा हुआ। इधर मंगल पाण्डे कहने लगा, "मैं प्रतिज्ञा करता हूँ कि मेरे सामने जो अंग्रेज़ आएगा उसे मैं मार दूँगा। उन्होंने हमारा धर्म नष्ट किया है, हम उन्हें दुनिया से मिटा देंगे।"

कालानुक्रमिक घटनाएँ

29 मार्च, 1857

दोपहर में 53वीं गोरा रेजीमेंट के पचास सिपाही कलकत्ता आ पहुँचे। इससे हिन्दू सिपाहियों में खलबली मच गई। मंगल पाण्डे का खून खौल उठा। उसने हिन्दू सिपाहियों को सम्बोधित करते हुए कहा, "डरना कायरता है। हर सिपाही को अपना धर्म प्यारा है। अंग्रेज़ हमें धर्मभ्रष्ट कर रहे हैं और उसके लिए वे शक्ति का प्रयोग करना चाह रहे हैं। आगे बढ़ो और अंग्रेज़ सैनिकों व अफसरों पर टूट पड़ो।"

पलटन में मच रहे शोर को सुनकर गोरा अफसर बाग घोड़े पर सवार होकर वहाँ पहुँचा। मंगल पाण्डे ने उसे देखते ही बंदूक चला दी। बाग का भाग्य कि वह गोली उसे न लग कर उसके घोड़े को लगी। वह फुर्ती से घोड़े से कूद गया। कूदने के बाद तत्काल जवाब में बाग ने गोली चलाई परन्तु वह भी निशाना चूक गया। मंगल पाण्डे घोड़े से कूदा और तलवार से बाग पर आक्रमण किया। बाग की बाँह पर उसने वार किया। बाग की बाँह लटक गई। तभी वहाँ मेजर जनरल ह्यूसन आ गया। उसने मंगल पाण्डे को पकड़ने

का आदेश दिया परन्तु किसी भी सिपाही ने उसका आदेश नहीं माना। विवश होकर ह्यूसन बाग की सहायता के लिए स्वयं आगे बढ़ा। मंगल पाण्डे ने उन दोनों को बुरी तरह घायल कर दिया।

यह अनोखा द्वन्द्वयुद्ध हो रहा था। मंगल पाण्डे अकेला दो गोरे अफसरों से तलवार से लड़ रहा था। फ़ौज उस युद्ध को देख रही थी। यदि शेख पलटू ने मंगल के हाथ न पकड़ लिए होते तो वे दोनों वहीं ढेर हो जाते। अवसर का लाभ उठाते हुए वे दोनों भाग खड़े हुए।

ठीक इसी समय जनरल हियरसे बाहर आया। उसने भारतीय अफसरों से पूछा कि "तुम लोगों ने मंगल पाण्डे को पकड़ा क्यों नहीं?"

जनरल हियरसे आग-बबूला हो रहा था। भारतीय अफसर काँप रहे थे। मंगल पाण्डे ने समझ लिया कि अब उसकी कोई सहायता नहीं करेगा। हियरसे के आदेश को सुनकर भारतीय अफसर व सैनिक उसे गिरफ्तार कर लेंगे और फिर उसे अंग्रेज़ अफसर कुत्ते की मौत मारेंगे ताकि भविष्य में कोई वैसा करने का दुस्साहस नहीं कर सके।

एक बार मंगल पाण्डे ने भारतीय सैनिकों की परख लेने के लिए ललकारते हुए कहा, "सैनिक भाइयों, डरो मत। हौसला रखो। अपने धर्म से बड़ा कुछ नहीं है। प्राणों की चिंता छोड़ों और धर्मयुद्ध करो। ... धर्मयुद्ध करो। आगे बढ़ो। ... आगे बढ़ो।"

कोई सैनिक आगे नहीं बढ़ा। सब बेतरह से डर चुके थे। मंगल पाण्डे अपने बुज़दिल साथियों की ओर देखकर बोला, "तुम्हें अपने धर्म से ज्यादा प्राण प्यारे हैं तो रहें। तुम्हें अपने धर्म से ज्यादा नौकरी प्यारी है तो रहे। तुम्हें गुलामी प्यारी है तो रहे। मंगल पाण्डे को अपना धर्म प्यारा है। मैं अकेला हूँ। अंग्रेज़ों का मुकाबला बिना तुम लोगों की सहायता के मैं नहीं कर सकता हूँ। इसलिए दोस्तों अलविदा, अलविदा!" इसी के साथ उसने अपनी छाती पर पिस्तौल रख कर घोड़ा दबा दिया। पर वह मरा नहीं, बुरी तरह घायल हो गया। उसे अस्पताल पहुँचा दिया गया।

8 अप्रैल, 1857

मंगल पाण्डे को फाँसी की सज़ा दी गई। बैरकपुर के सभी जल्लादों ने उसे फाँसी देने से साफ़ मना कर दिया। जल्लाद कलकत्ता से बुलवाया गया। उसने मंगल पाण्डे को फाँसी लगा दी।

21 अप्रैल, 1857

ईश्वरी पाण्डे। इसी व्यक्ति ने मंगल पाण्डे को गिरफ्तार करने से इनकार किया था। उसे आज फाँसी दी गई। साथ ही 34वीं रेजीमेंट की सात कम्पनियों को भंग कर दिया गया और मुसलमान एवं सिक्खों की पीठ ठोंकी गई। परन्तु इन घटनाओं के समाचार चारों ओर तेज़ी से फैल गए। देशी छावनियों के अलावा बाहर भी ये समाचार पहुँचे। लार्ड रॉबर्ट्स ने अपनी प्रसिद्ध पुस्तक 'फोरटी-वन ईयर्स इन इण्डिया' में लिखा है:

"इस दिन से हर-एक भारतीय सैनिक पाण्डे के नाम से पुकारा जाने लगा।"

22 अप्रैल, 1857

जैसे-जैसे यह समाचार फैलता गया वैसे ही वैसे भारतीय सैनिकों की भौंहें तनने लगीं। वे क्रुद्ध हो उठे। हिंसक हो उठे। उन्होंने अनेक अंग्रेज़ों के बंगलों को ज़लाकर राख कर दिया।

अचरज वाली बात तो यह रही कि अंग्रेज़ों के बंगले जले परन्तु पकड़ा एक नहीं जा सका। इससे अंग्रेज़ सैनिक अफसर क्रुद्ध हो उठे। उनमें भी बदले की भावना तेज़ हुई। आखिर तो वे शासक पक्ष में से थे। उन्होंने भारतीय सैनिकों को अपमानित करना शुरू कर दिया। उन्हें अकारण दण्ड व यातनाएँ देने लगे। नये कारतूसों का प्रयोग करने के लिए उन्हें बाध्य करने लगे। इसका दुष्परिणाम यह हुआ कि हिन्दू तथा मुसलमान सैनिक भड़क उठे और उनमें यह विश्वास पक्का हो गया कि नये कारतूसों के तस्मे बनाने में गौ और सूअर की चरबी का प्रयोग ही किया गया है, और अंग्रेज़ — हिन्दू तथा मुसलमानों का धर्म नष्ट करना चाहते हैं।

लार्ड केनिंग ने इस बात को निराधार बताया। लेकिन उसकी बात का कोई विश्वास करने के लिए तैयार नहीं था।

23-24 अप्रैल, 1857

अंग्रेज़ अफसर स्मिथ ने अपने दस्ते के सैनिकों को बंदूक में नये कारतूसों के इस्तेमाल का आदेश दिया।

23 अप्रैल को सैनिक यह प्रतिज्ञा कर चुके थे कि वे नये कारतूसों का प्रयोग नहीं करेंगे। मेरठ छावनी हिन्दुस्तान की बड़ी छावनियों में से एक थी, जिसमें घुड़सवारों में मुसलमान तथा पैदल पलटन में हिन्दुओं की संख्या अधिक थी। स्मिथ की आज्ञा का पालन 10 में से 5 ने किया। यह क्रम चलता रहा।

इस आदेश का पालन नहीं करने वालों में से 85 का कोर्ट मार्शल हुआ और शेष को लम्बी-लम्बी सजाएं।

9 मई, 1857

अभाग्यशाली दिन।

नये कारतूसों का प्रयोग नहीं करने वाले समस्त सैनिकों की वरदी उतारी गई। उनसे शस्त्र छीने गए। उन्हें हथकड़िया-बेड़ियाँ लगाई गईं। शेष भारतीय सैनिक चुपचाप उस दृश्य को देखते रहे। उन्हें क्रोध तो आया परन्तु वे विवश थे। शाम को उन विवश सैनिकों पर व्यंग्य कसे गए। उन्हें हींजड़ा कहा गया।

स्त्रियाँ उनको धिक्कारती हुई कह रही थीं धिक्कार है! धिक्कार है! तुम कैसे साहसी और निर्भीक सैनिक हो जो अपने भाइयों को बेइज्जत होता हुआ देखते रहे, चुपचाप बुत बने रहे। उनको जेल के सीखचों में बंद करवा कर मस्ती से घूम रहे हो। तुम्हें शर्म तो रही नहीं है।

इसका असर उन सैनिकों पर अनुकूल हुआ। वे अन्दर ही अन्दर तिलमिला उठे। उन्हें अपने किये पर पश्चाताप होने लगा। उन्होंने रात-भर बैठकें कीं। योजना बनाई।

वे अपमान की आग में जल रहे थे। उनकी भावनाओं में लगी चिनगारी ने रंग दिखाया। विद्रोही सैनिक 12 नम्बर की पलटन को अपने साथ मिलाने में सफल हुए।

मेरठ छावनी में 1850 अंग्रेज़ सैनिक थे तथा 300 भारतीय सैनिक थे। तोपखाना अंग्रेज़ सैनिकों के हाथ में था।

अंग्रेज़ सैनिक अफसर भारतीय सैनिकों को अपमानित करके यह अनुभव कर रहे थे कि उन्हें बहुत बड़ी सफलता मिली है। वे कल्पना भी नहीं कर सकते थे कि अन्दर ही अन्दर विद्रोह सुलग रहा है और भारतीय सैनिक विस्फोट करने की तैयारी में हैं।

10 मई, 1857

फकीर और साधु एक छावनी से दूसरी छावनी में घूम रहे थे और अंग्रेज़ों के विरुद्ध विद्रोह खड़ा करने की तैयारी कर रहे थे।

गाँव-गाँव रोटियाँ-पूरियाँ बाँटी जा रही थीं। इन रोटियों की शुरुआत लखनऊ से हुई थी।

रोटियाँ गेहूँ और जौ की थीं। वह आदमी की हथेली के बराबर थीं। उनका वजन दो तोले से अधिक नहीं था।

अंग्रेज़ अधिकारी पहले तो कुछ समझ नहीं सके, बाद में उन्हें पता चला कि मराठों के पतन के समय मक्का की टहनी और रोटी के टुकड़े गाँव-गाँव बाँटे गए थे। रोटियाँ विद्रोह का प्रतीक हैं।

'देहली उर्दू अखबार' में छपा था :

"मेजर डब्ल्यू० अर्सकिन साहब, कमिश्नर ज़िला आगरा, की रिपोर्ट से ज्ञात हुआ है कि आटे की छोटी-छोटी पूरियाँ ज़िला गुड़गाँव के समान ज़िला सागर, दमोह, जबलपुर और नरसिंहपुर में भी वितरित की गईं।"

धूँधू पंत, नाना साहब ने कालपी, दिल्ली और लखनऊ की यात्रा इन्हीं दिनों की थी। वे क्राँति को संगठित ढंग से चलाने पर विचार करते घूम रहे थे।

फैजाबाद के मौलवी अहमद अल्लाह भी आगरा, दिल्ली, मेरठ, पटना और कलकत्ता संगठित क्राँति का संदेश लेकर गए थे। कहा जाता है कि रोटियों का वितरण उनके ही संकेत पर शुरू हुआ था।

जिसको रोटी मिलती थी, उसका यह कर्त्तव्य होता था कि वह स्वयं रोटी बनाये और वह अन्य छह व्यक्तियों को रोटी बांटे। उस समय लखनऊ से प्रकाशित क़ुरान शरीफ़ भी वितरित की जा रही थी।

कुरान के बहाने क्राँति का सन्देश दिया जा रहा था। अंग्रेज़ कुरान को धार्मिक ग्रंथ समझ कर उस पर ध्यान न देते और क्राँतिकारियों का सन्देश सब तक पहुँच जाता।

उसमें लिखा होता था : 'ये लो, उसे मार डाला। वह मारा गया। उन्हें बेइज्जत किया गया। उसे फाँसी दे दी। वह जेल भेज दिया। उसे कोड़े मारे गए। वह मर गया। क्या खूब! क्या तमाशा! सब चुप हैं। किसी का खून नहीं खौलता है। कोई कुछ नहीं कहता है। अन्याय हो रहा है। सब मौन हैं। ... उठो, तुम्हे पाक कुरान की सौगंध है, उठो। अपमान तथा अन्याय का बदला लो।'

अम्बाला — महत्वपूर्ण घटना

मार्च में दो सौ मन आटा सरकार ने कानपुर भेजा था। वह सस्ता होने के कारण तुरंत बिक गया। इस आटे के साथ अफवाह जोरों से चारों ओर फैल गई कि इस आटे में हड्डियाँ पीस पर मिलाई गई थीं।

बैरकपुर से अम्बाला तक यह अफवाह बहुत तेज़ी से फैली। इसका फल यह हुआ कि जनता सरकार से नाराज़ हो उठी और उसने बाज़ार से आटा खरीदना बंद कर दिया। उसके मन में यह बात भी जम गई कि अंग्रेज़ उसका धर्मभ्रष्ट करना चाहते हैं। उसे ईसाई बनाना चाहते हैं।

ईस्ट इण्डिया कम्पनी के निदेशकों के मुखिया मैंग्लीज ने ब्रिटिश हाउस ऑफ कामन्स में कहा था कि भारतीयों को ईसाई बनाने का अभियान जारी रखा जाए।

सैनिक सेवाओं में अंग्रेज़ तथा देशी सैनिकों के साथ भेदभाव भी शुरू किया गया। जबकि शुरू-शुरू में अंग्रेज़ भारतीयों को सैनिक सेवाओं में बहुत प्रोत्साहन देते थे। भारतीय सैनिकों के उन्नति के दरवाज़े बंद कर दिए गए।

अंग्रेज़ रंगरूट को जो वेतन दिया जाता था, इससे भी कम वेतन पैदल सेना के भारतीय सूबेदार को दिया जाने लगा।

अवध को अपने राज्य में मिला कर उसके 60,000 सैनिकों को सेवामुक्त कर दिया गया। इससे उन सैनिकों में अंग्रेज़ों के प्रति घृणा पैदा हो गई।

भारतीय सैनिकों का देश से बाहर लड़ने के लिए जाना सैनिक सेवा की अनिवार्य शर्त बना दिया गया।

10 मई, 1857, मेरठ

रविवार का भोर। गिरजाघर के घण्टों की आवाज़। अंग्रेज़ अफसर गिरजाघर जाने की तैयारी करने लगे। कुछ अंग्रेज़ बाहर निकले। हवा शान्त थी। प्रकृति चुप थी। दिशाएँ मौन थीं। अंग्रेज़ अफसरों को नहीं पता था कि यूरोपियन बैरकों में भारतीय सैनिकों ने हड़ताल कर दी है। अभी सूर्य नहीं निकला था कि बन्दूकें गरज उठीं। घुड़सवार पलटन जेल पहुँची और क्राँतिकारियों को आज़ाद करा दिया।

आग सी, आग; जोश-सा जोश था। तार काट डाले गए। अंग्रेज़ों के कार्यालय, होस्टल, क्लब आदि को स्वाह कर दिया गया। कमिश्नर ग्रेथिड की कोठी जल रही थी। और दूसरी ओर 'हर-हर महादेव' का तेज़ स्वर समुद्र की लहरों-सा उछालें ले रहा था। जिधर देखो, उधर भारतीय सैनिकों का विजयोल्लास सुनायी पड़ रहा था। चारों ओर हर्षोन्माद था।

अब क्राँतिकारी दिल्ली को अंग्रेज़ों से मुक्त कराने के लिए उसी रात दिल्ली की ओर चल पड़े।

11 मई, 1857, दिल्ली

सुबह, लगभग 8 बजे होंगे कि मेरठ से दो हज़ार क्राँतिकारी दिल्ली पहुँच गए।

यह क्राँति समय से पूर्व शुरू हो गई थी। प्रारम्भिक सफलता के उत्साह में क्रांतिकारियों को यह याद ही नहीं रहा कि अंग्रेजों से एक साथ अलग-अलग जगह निपटना है उनको यह मौका नहीं देना है कि वे एक-दूसरे की सहायता कर सकें।

कानपुर में नाना साहब अंग्रेज़ों से युद्ध कर रहे थे। उनके सामने अंग्रेज़ सैनिक उखड़ गए।

क्राँतिकारी दिल्ली के लालकिले को देख रहे थे। उनका जगह-जगह जनता ने स्वागत किया था। क्राँतिकारी बहादुरशाह ज़फ़र को नेतृत्व के लिए निरन्तर आमंत्रित कर रहे थे। वे नारे लगा रहे थे —

"अंग्रेज़ राज्य का नाश! सम्राट बहादुरशाह का राज्य!"

यह वह समय था जब दिल्ली में गोरी सेना नहीं थी। 54 नम्बर की पलटन के अधिकारी कर्नल रिप्ले को यह मालूम ही नहीं था कि उसकी सेना क्रांतिकारियों से मिली हुई है। पलटन ने क्रांतिकारियों से युद्ध करने की अपेक्षा उनका स्वागत किया। कर्नल रिप्ले आश्चर्य से देखता रह गया।

54 नम्बर की पलटन के सिपाही नारे लगा रहे थे :

"अंग्रेज़ी राज्य को मिटा दो!"
फिरंगियों को मार भगाओ!
हमारा सम्राट — बहादुरशाह ज़फ़र!

कर्नल रिप्ले अपनी जान बचाने के लिए भागने की कोशिश कर रहा था कि क्राँतिकारियों ने उसकी देह को गोलियों से छलनी-छलनी कर दिया।

38 नम्बर की पलटन लालकिले की रक्षा कर रही थी। उसने क्राँतिकारियों के लिए किले का फाटक खोल दिया और क्रांतिकारियों के साथ मिल कर एक-एक अंग्रेज़ को मार डाला।

सबसे पहले क्राँतिकारियों ने मुगल बादशाह बहादुरशाह ज़फर को तोपों की सलामी दी। उसकी जय बोली। उन्होंने दीवानेआम को अपनी छावनी बनाया।

कश्मीरी गेट तथा दरियागंज स्थित अंग्रेज़ों की कोठियाँ जल रही थीं। जिस अंग्रेज़ ने कोठी से बाहर निकलने की कोशिश की उसे क्राँतिकारियों ने गोली से भून डाला। अंग्रेज कोठी के अन्दर ही जल कर मर गए। वहाँ कोई नहीं बचा।

अब क्या था, दिल्ली पर क्राँति का उन्माद छा गया। दिल्ली का हर नागरिक हथियार लेकर बाहर आ गया। इस समय दिल्ली में क्राँतिकारी घूम रहे थे। उन्होंने खोज–खोज कर अंग्रेज़ों को मारा। इसी समय, रात को बादशाह बहादुरशाह ज़फर, उसकी बेगम तथा क्राँतिकारियों के बीच एक बैठक हुई। उस बैठक में निर्णय लिया गया कि अब 31 मई की प्रतीक्षा करना ठीक नहीं है।

'अब तो निर्णायक युद्ध करना है। परन्तु...।' बहादुरशाह ज़फर ने मद्धिम स्वर में कहा।

'परन्तु क्या, बादशाह?'

'मेरे पास वेतन देने के लिए कुछ भी नहीं है।'

'बादशाह आलम, आप क्या कहते हैं? हम अंग्रेज़ों का खजाना आपके श्रीचरणों में लाकर डाल देंगे। बस, आप तो हमारा नेतृत्व स्वीकार कर लें। हमारी आपसे इतनी–सी गुजारिश है। आप इनकार न करना।'

बादशाह बहादुरशाह ज़फर ने कुछ सोचकर कहा, 'आपकी यही इच्छा है तो मुझे आपका प्रस्ताव स्वीकार है।'

यह समय बहुत नाजुक था। चारों ओर विद्रोह की आँधी भड़क चुकी थी। इस समय असामाजिक तत्व अपना उल्लू सीधा कर रहे थे।

अमरु की बेगम के बगीचे में देहली बैंक था। क्राँतिकारियों ने उसको अपना निशाना बनाया। देहली बैंक का मैनेजर वेरेस्फोर्ड था।

खानसामा ने वेरेस्फोर्ड को खबर दी कि क्राँतिकारी वहाँ तक पहुँच चुके हैं। परन्तु उसने उसकी बात अनसुनी करते हुए उससे कहां, 'वह अपने वास्ते खराबी करता है। हमारा वह क्या करेगा? अपने लोगों को ही नुकसान पहुँचाएगा। उन्हें मरवाएगा।'

तब तक क्राँतिकारी वहाँ आ धमके। सारे परिवार को मौत के घाट उतार दिया और बैंक को लूट लिया। फिर वहाँ आग लगा दी।

अब क्राँतिकारी मैगज़ीन की ओर बढ़े! मैगज़ीन का रक्षक जार्ज बिलोबी था।

क्राँतिकारी चाहते थे कि उनके अधिकार में मैगजीन आ जाए तो उनको युद्ध के लिए काफी सामग्री मिल जाएगी। वहाँ नौ–दस हज़ार बन्दूकें थीं। इसके अलावा अन्य विस्फोटक पदार्थ बहुत मात्रा में था। उसकी रक्षा के लिए एक भारतीय तथा नौ अंग्रेज़ तैनात थे। क्रांतिकारी वहाँ युद्ध करना नहीं चाहते थे। वे जानते थे कि नौ अंग्रेज़ क्या करेंगे। उन्होंने बादशाह की ओर से मैगजीन के अध्यक्ष बिलोबी को सन्देश भिजवाया :

'आप आत्मसमर्पण कर दें।'

बिलोबी ने अपने सहायक स्केली से बादशाह के प्रस्ताव पर सलाह की। उसने कहा, 'यदि क्राँतिकारियों के हाथ मैगजीन आ गयी तो उनको काफी सहायता मिलेगी।'

स्केली ने कहा, 'यह बात तो है। इससे शत्रु को जबर्दस्त ताकत मिलेगी।'

'फिर क्या किया जाए, स्केली?'

'आपने क्या सोचा है, मिस्टर बिलोबी?'

'शत्रु के हाथ यह सामग्री नहीं लगनी चाहिए।'

'परन्तु कैसे?'

'हम क्राँतिकारियों का मुकाबला नहीं कर सकते।'

'मुकाबले की सोच भी नहीं सकते।'

'वे हमें मारेंगे ही।'

'नि:संदेह।'

'फिर तो ...?'

'फिर तो क्या?'

'एक बात हो सकती है?'

'क्या?'

'यह भण्डार शत्रु के हाथों पहुँचने से बच सकता है।'

'कैसे बच सकता है?'

'मैगज़ीन में आग लगा दें।'

'यही एकमात्र रास्ता है। भण्डार कम से कम शत्रु के हाथ तो नहीं लगेगा।'

'क्राँतिकारी दरवाजा खोलने की कोशिश कर रहे हैं। समय कम है। बोलो, करें?'

'करो।'

'गुड बाई।'

'गुड बाई'

दोनों ने हाथ मिलाया और बिलोबी ने शस्त्रागार को आग लगा दी। शस्त्रागार धू-धू कर जल उठा। नौ अंग्रेज़ और एक भारतीय रक्षक के शरीर के टुकड़े-टुकड़े हो गए। ऐसा भयंकर विस्फोट हुआ कि सारी दिल्ली काँप उठी। क्राँतिकारियों में से दो हज़ार व्यक्ति मारे गए। 'देहली उर्दू अखबार' के संपादक जहीर देहलवी ने 'दास्ताने गदर' शीर्षक से इस दुर्घटना का जिक्र करते हुए लिखा था —

> 'अचानक बहुत भयानक भूकम्प आया। यह इतना भयानक था कि मैं समझा कि हजरत इसराफील ने कयामत के लिए नरसिंघा फूँक दिया है। मैगजीन उड़ गया। आसमान तक अंधेरा छा गया। उसमें हमने दीवार के पत्थरों, पक्षियों और पेड़ों को पत्तों की तरह उड़ते हुए देखा।'

क्राँतिकारियों को कोई विशेष लाभ नहीं हुआ। केवल कुछ बन्दूकें उनके हाथ आईं। अब एक-एक क्राँतिकारी के पास चार-चार बन्दूकें हो गईं। इन घटनाओं से दिल्ली के शेष अंग्रेज़ घबरा उठे। मैगज़ीन के

उड़ जाने से उनकी रही-सही आशा पर भी पानी फिर गया। कश्मीरी गेट स्थित मेडकॉफ भवन में अंग्रेज़ों ने शरण ली। जान बचाने के लिए वे 30 फुट गहरी खाई में उतरे और फिर जंगल की ओर भागे। उनमें बच्चे थे और बूढ़े थे, स्त्री थीं और पुरुष थे। गाँववालों ने उन भगोड़ों की मदद की और वे जैसे-तैसे मेरठ पहुँच गए।

अंग्रेज़ों के हाथों से दिल्ली निकल चुकी थी। दिल्ली पर अब बादशाह बहादुरशाह ज़फर का अधिकार था। जीत की खुशी में बादशाह की सवारी बड़ी धूमधाम ने निकली। सैनिक बैंड-बाजा था। बहादुरशाह जफर हाथी पर बैठ कर निकले थे।

अब क्या था, अंग्रेज़ों में भगदड़ मच गई। अंग्रेज़ अपने देश के लिए रवाना होने लगे। चारों ओर से अंग्रेज़ जान हथेली पर लेकर भाग खड़े हुए। यह भयंकर आग थी। कहो कि ज्वालामुखी! यह आग बढ़ती ही गई। क्राँतिकारियों के हौंसले बुलन्द होते हुए। अंग्रेज़ों का सफाया किया जाता रहा। भारतवर्ष के अनेक शहरों में यह आँधी तेज़ी से उठी। यह आँधी समय से पूर्व उठी, अत: जहाँ जिससे जो बन पड़ा, उसने किया। सम्पर्क सूत्र ठीक से नहीं बैठ पाए। वह आँधी थी, चलती रही। अंग्रेज़ों को बीन-बीन कर मारती रही। अंग्रेज़ अन्दर से बेतरह हिल उठे।

बरेली : एक महत्वपूर्ण घटना

यह रुहेलखंड की राजधानी थी। वहाँ 18 व 68 नम्बर की पैदल सेना के अलावा 8 नम्बर की घुड़सवार सेना थी। जनरल रिचर्ड वहाँ का कमाण्डर था। वहाँ भी दिल्ली के समाचार पहुँच चुके थे। वीर पठान खान बहादुर को क्रान्ति में सम्मिलित होने तक निमंत्रण मिल चुका था। निमंत्रण इस प्रकार था —

> दिल्ली में अंग्रेज़ों के विरुद्ध युद्ध जारी है।
>
> प्रभु की कृपा कहिए कि प्रथम हार से ही अंग्रेज़ ऐसे घबरा उठे हैं कि किसी अन्य अवसर पर वे लगातार दस पराजयों से भी नहीं घबराते।
>
> देशप्रेमी लगातार वहाँ एकत्र हो रहे हैं। मेला-सा लगा है देशप्रेमियों की सेना का। ऐसे मौके पर यदि आप वहाँ भोजन कर रहे हों तो हाथ यहाँ आकर धोइये। आपकी तोपों की आवाज़ सुनने के लिए हमारा मन बेचैन है।

खानबहादुर की आत्मा जाग उठी। 31 मई की आधी रात को उसकी तोपों ने आग उगलना शुरू कर दिया। अंग्रेज़ों का रातों-रात सफाया शुरू कर दिया। खानबहादुर खाँ को वहाँ का नवाब घोषित कर दिया गया।

12 स्वतंत्रता के लिए बढ़ता संघर्ष और उसका प्रभाव

कुछ महत्वपूर्ण ऐतिहासिक घटनाएँ

22 मई 1857, इटावा

एक क्राँतिकारी दिवस। भारतीय सैनिकों के एक हाथ में नंगी तलवार और दूसरे हाथ में मशाल थी। अंग्रेज़ भाग खड़े हुए। शस्त्रागार व कोष पर क्रान्तिकारियों का अधिकार हो गया। इटावा का ज़िलाधीश ह्यूम स्त्री-वेश में वहाँ से बच निकला। यह वही ह्यूम था जिसने आगे चलकर काँग्रेस की नींव रखी थी।

28 मई 1857, नसीराबाद

नसीराबाद, अजमेर से कुछ दूर। अंग्रेज़ों की सेना का कारगर ठिकाना। भारतीय सेना ने अंग्रेज़ों पर आक्रमण कर दिया। दोनों में घमासान युद्ध हुआ। अंग्रेज़ सेना हार गई। भारतीय सेना ने नसीराबाद को अपने कब्ज़े में कर लिया। नसीराबाद तथा नीमच के विद्रोही सैनिक आगरा की ओर बढ़ चले। उनके साथ 2711 सैनिक तथा 16 तोपें थीं। रास्ते में उन्होंने कोटा और भरतपुर के विद्रोही सैनिकों को साथ ले लिया। अंग्रेज़ों की कोठियाँ जलायीं। उनको जान से भी मारा।

आगरा से वे लोग दिल्ली के लिए रवाना हो गए।

31 मई 1857, शाहजहाँपुर

सुबह, अंग्रेज़ गिरजाघर में इकट्ठे हो रहे थे। भारतीय सैनिकों ने उन पर धावा बोल दिया। डाक्टर बालिंग ने उत्तेजित भारतीय सैनिकों को बहुत समझाना चाहा। परन्तु उसका प्रभाव यह हुआ कि किसी ने उसे अपनी गोली का शिकार बना दिया। वह वहीं धराशायी हो गया। वहाँ युद्ध शुरू हो गया। बहुत-से अंग्रेज़ मारे गए। कुछ भाग खड़े हुए। शाम होते-होते शाहजहाँपुर क्रान्तिकारियों के हाथ में आ गया।

11 मई 1857, मुरादाबाद

इसी दिन मुरादाबाद में पेरड के समय भारतीय सैनिकों ने अंग्रेज़ों को आदेश दिया, ''यदि तुम्हें जान प्यारी है तो तत्काल मुरादाबाद छोड़ दो।''

यों मुरादाबाद भी अंग्रेज़ों के चंगुल से निकल गया। वह स्वतंत्र हो गया।

1 जून 1857, बदायूँ

बदायूँ का ज़िलाधीश एडवर्ड्स जमींदार तथा किसानों से निपटना चाहता था, क्योंकि उन्होंने लगान देने में आनाकानी शुरू कर दी थी। परन्तु जब उसे बरेली से यह समाचार मिला कि वहाँ पर क्रान्तिकारियों का झंडा लहरा रहा है, तब वह घबरा उठा।

इधर जनता को यह बतला दिया गया कि अंग्रेज़ों का राज्य समाप्त हो चुका है। पुनः बादशाह बहादुशाह ज़फर का राज्य स्थापित हो गया। बादशाह ने खानबहादुर खाँ को यहाँ अपना प्रतिनिधि घोषित कर दिया है।

खानबहादुर खाँ ने यह सूचना प्रसारित करवा दी थी —

''हिन्दुस्तान के रहने वालो, जिस दिन की हम बहुत दिनों से बाट जोह रहे थे, वह स्वतंत्रता का पवित्र दिन आ गया है।''

''हिन्दू और मुसलमान भाइयों, यदि अंग्रेज़ों को हिन्दुस्तान में रहने दिया गया वे हमारा धर्म भ्रष्ट करेंगे और हमें मारेंगे।''

हिन्दुओं, यदि तुम गौ माता का आदर करते हो, मुसलमानों, यदि तुम कुरान की इज्जत करते हो, तो ध्यान से सुनो :

''तुम दोनों आपस के भेदभाव भूल कर एक हो जाओ और इस पवित्र युद्ध में कूद पड़ो।''

''एक झंडे के नीचे लड़ाई के मैदान में उतर आओ''

''खून की नदियों में फिरंगियों को बहा दो।''

''याद रखो, जो इस युद्ध में सम्मिलित होगा अथवा सहायता करेगा, उसे दुनिया की तथा आगामी दुनिया की आज़ादी प्राप्त होगी।''

इस सूचना का नतीजा यह हुआ कि खानबहादुर खाँ मुरादाबाद, बदायूँ, बरेली और शाहजहाँपुर का नवाब बना दिया गया। हिन्दू और मुसलमान एक होकर युद्ध में कूद पड़े। इसी के साथ अलीगढ, बुलन्दशहर और मैनपुरी में भी अंग्रेज़ों के खिलाफ कार्यवाही शुरू हुई। अंग्रेज इतने भयभीत हो चुके थे कि भारतीय सैनिकों की चेतावनी-मात्र से वे शहर छोड़ कर भाग निकले।

30 जून, 1857, फरुखाबाद व फतहगढ़

क्रान्तिकारियों ने फरुखाबाद में अंग्रेज़ों को भूनना शुरू किया। खजाना लूटा। वहाँ के क्रान्तिकारी नेता तफज़्ज़ुल हुसैन को ही नवाब घोषित कर दिया। फतहगढ़ में भी यही हुआ। ख़ज़ाना लूटा। नाव से भागते हुए अंग्रेज़ों को गोलियों से भून डाला।

4 जून, 1857, कानपुर

कानपुर क्रान्तिकारी सैनिकों का गढ़ था। अवध के नवाब पर निगाह रखने के लिए अंग्रेज़ों ने कानपुर को सैनिक केन्द्र बनाया था।

क्रान्ति के समय यहाँ 300 गोरे सैनिक और 3000 भारतीय सैनिक थे। पैदल सेना के अलावा घुड़सवारों की एक सेना थी। 60 गोरे गोलन्दाज थे। उनका प्रमुख सैनिक अधिकारी 74 वर्षीय ह्यूज़ ह्वीलर था। जनरल ह्वीलर दूरदर्शी था। क्रान्ति की खबर फैल चुकी थी। उसने लखनऊ से घुड़सवारों का एक जत्था बुलवा लिया।

इस जत्थे के आने से भारतीय सैनिकों ने यह समझा कि अंग्रेज़ उनसे दिल्ली-मेरठ का बदला लेना चाहते हैं। यह डर तो उनमें पहले से ही घर किये था कि वे उन्हें ईसाई बनाना चाहते हैं। यह खबर भी ज़ोरों पर थी कि जहाँ परेड होती है, उसके नीचे अंग्रेज़ों ने बारूद भरवा दी है। इस प्रकार वे भारतीय सैनिकों को एक साथ खत्म करना चाहते हैं। इससे वे और उत्तेजित हो रहे थे।

कानपुर के ज़िलाधीश हिलर्सडन ने शस्त्रागार व खज़ाने की सुरक्षा के लिए नाना साहब से प्रार्थना की। नाना साहब ने दो तोपों के साथ 200 सैनिक बिठूर से भिजवा दिए। यद्यपि नाना साहब अन्दर ही अन्दर अंग्रेज़ों से चिढ़े हुए थे, क्योंकि उन्होंने उनकी पेंशन बंद कर दी थी, तथापि वे उनके प्रति बाहर से सद्भाव बनाये हुए थे।

क्रान्तिकारियों ने नाना साहब पर दवाब डाला कि वे उनका नेतृत्त्व संभालें। नाना साहब पहले तो हिचकिचाये परन्तु फिर मान गए।

4 जून की आधी रात को एक बंगला क्रान्तिकारियों ने जला डाला।

सूबेदार टीकासिंह ने क्रान्तिकारियों को इकट्ठा किया। सेना नवाबगंज पहुँच गई। खज़ाने तथा शस्त्रागार पर अधिकार कर लिया।

यहाँ नाना साहब अपने दो भाइयों (बाला साहब और बाबा साहब) और अपने भतीजे राव साहब-सहित युद्ध में कूद पड़े। अजीमुल्ला खाँ भी शामिल हो गया। मराठा सेनापति भी इस युद्ध में शामिल हो गया। अनेक ज़मींदार भी नाना साहब के साथ हो गए।

21 दिन तक क्रान्तिकारियों ने किले को घेरे रखा। दोनों ओर से तोपें व बन्दूकें गरजती रहीं।

23 जून 1857

प्लासी युद्ध की सौवीं वर्षगांठ। सौ वर्ष पुरानी पराजय का बदला।

एक ज़ोर का आक्रमण हुआ। चारों ओर से हताश ह्वीलर ने सफेद झण्डा फहरा कर संधि का प्रस्ताव रखा।

युद्ध बंद हो गया। 26 जून को दोनों पक्षों के बीच समझौता हुआ कि अंग्रेज़ शस्त्रागार व खज़ाना उन्हें सौंप देंगे और बदले में उन्हें इलाहाबाद सकुशल पहुँचाने की व्यवस्था की जाएगी।

27 जून 1857

सुबह गंगा तट पर 40 नौकाएँ तैयार थीं, जिनमें अंग्रेज़ों को इलाहाबाद सकुशल पहुँचाया जाना था।

सत्तीचौरा घाट, जहाँ से अंग्रेज़ परिवार सहित नौकाओं में बैठ रहे थे।

ताँत्या टोपे ने नौका रवाना करने का संकेत दिया ही था कि क्रान्तिकारियों का बिगुल बज उठा। मल्लाह नौकाएँ छोड़ कर कूद पड़े। कर्नल टामसन ने कूदते मल्लाहों पर गोलियाँ चलाईं। अब क्या था तोपें गरज उठीं। नौकाएँ वहीं अथाह जल की धारा में डूब गईं।

1 जुलाई, 1857, ब्राह्मवर्त

ब्राह्मवर्त का राजप्रसाद।

नाना साहब पेशवा का राजतिलक हुआ।

27 जून, 1857, इलाहाबाद

अचानक विद्रोह। गंगातट पर जो सैनिक पहरा दे रहे थे, उन्होंने गोलियाँ चला दीं।

छावनी में भी गोलियाँ चल पड़ी। अंग्रेज़ों के बंगले जलाये जाने लगे। अंग्रेज़ों को बेतरह से मारा जाने लगा। इलाहाबाद के खजाने पर क्रान्तिकारियों का अधिकार हो गया। देखते ही देखते मुगल बादशाह का हरा झण्डा लहरा उठा। मौलवी लियाकत हुसैन को वहाँ बादशाह का प्रतिनिधि घोषित किया गया।

परन्तु अभी तक किले पर सिख सेना की मदद से क्रान्तिकारियों का अधिकार नहीं हो सका था। इसी समय वहाँ कर्नल नील आ धमका। वह क्रूर था। उसने आते ही भारतीय को फाँसी पर लटकाना शुरू कर दिया। आस-पास के गाँवों पर छापे बोल दिये। उन्हें जलाया, लूटा और बर्बाद किया।

हालाँकि बाद में कर्नल नील को अपने किये अमानवीय व्यवहार पर बहुत पश्चात्ताप हुआ। उसने लिखा—

''मैं उस समय उदारता का परिचय देता तो उत्तम रहता।''

''मैं जानता हूँ कि उस समय मैंने निर्मम व्यवहार किया है, परन्तु उस समय की स्थितियों को ध्यान में रखते हुए मुझे विश्वास है कि ईश्वर मुझे क्षमादान दे देंगे।''

बनारस

कर्नल नील रण था। उसने अंग्रेज़ों के ढहते विश्वास को गिरने से रोका।

बनारस के पास सिकरौल अंग्रेज़ों की छावनी थी। वहाँ 27 नम्बर की सिख पलटन पड़ी हुई थी। गोरों की संख्या सेना में मात्र 250 थी, जबकि भारतीय सैनिक 2500 की संख्या में थे।

कभी भी वहाँ आग की लपटें आकाश छू सकती थीं। भारतीय सेना पर से अंग्रेज़ों का विश्वास उठ गया था। उन्होंने परेड पर भारतीय सैनिकों से हथियार नीचे रखवा लिये। निहत्थे भारतीयों को तोप के सामने खड़ा करके उड़ा दिया गया।

कुछ सैनिकों में चेतना जगी। मरना तो था ही। उन्होंने ज़मीन पर रखे हथियार उठा लिये। वे अंग्रेज़ों पर गोलियाँ चलाने लगे।

उनका यह जोश शीघ्र ठण्डा पड़ गया क्योंकि जवाब में अंग्रेज़ों की तोपें गरज उठीं और शीघ्र भारतीय सैनिक भागने लगे। उधर सिख घुड़सवार सैनिक भी अंग्रेज़ों का सामना नहीं कर सके।

अंग्रेज़ों ने बैरक में छिपे भारतीय सैनिकों को बाहर निकाल कर गोली से भून डाला। उनको पेड़ों से लटका कर मार डाला।

कर्नल नील ने इलाहाबाद और बनारस में बागी सैनिकों को बुरी तरह मारा। उसने निरपराध लोगों को भी भुनवा डाला। गाँव के गाँव जला डाले।

पहली बार अंग्रेज़ों की जीत हुई और क्रान्तिकारी हारे।

7 जून, 1857, झाँसी

डलहौजी की गोद न लेने की नीति के कारण अंग्रेज़ों ने झाँसी को हड़प लिया था।

लक्ष्मीबाई ने दामोदरराव को गोद लिया था, जिसे अंग्रेज़ों ने स्वीकृति नहीं दी थी। परन्तु, वह अब भी उसे उत्तराधिकारी मानती थी। झाँसी में अंग्रेज़ों के अत्याचार रात दिन तेज़ होते गए। गौ-वध सरेआम होने लगा। उसने अनेक पत्र लिखे, परन्तु अंग्रेज़ी अधिकारियों के कान पर जूँ तक नहीं रेंगी।

झाँसी में भी क्रान्तिकारियों की सरगर्मियाँ तेज़ हो उठी थीं। कई बंगले जलाये जा चुके थे। इस कारण कैप्टन गार्डन ने रानी को विश्वास में लेना चाहा। उसकी मदद माँगी।

रानी ने समय का लाभ उठाया। सेना बढ़ाने की अनुमति चाही। वह तुरंत मिल गई। अब क्या था,

रानी की सेना में क्रान्तिकारी भरत्ती होने लगे।

7 जून को गोलियों की बौछार शुरू हुई। कैप्टन गार्डन मारा गया। किले में बंद अंग्रेज़ों को खाद्यान्न तथा गोले-बारूद के अभाव में आत्मसमर्पण करना पड़ा।

रानी लक्ष्मीबाई को झाँसी की महारानी बना दिया गया। उसने बहुत कम समय में ही झाँसी की स्थिति सुदृढ़ कर ली। सशक्त सेना के साथ-साथ उसने गोला-बारूद के कारखाने भी स्थापित किये।

24 जून, 1857, ग्वालियर

ग्वालियर का राजा जियाजीराव शिन्दे अंग्रेज़ों का पिट्ठू था। भारतीय सैनिकों ने बहुत चाहा कि राजा जियाजीराव शिन्दे उनका नेतृत्व करे, परन्तु उसने उनकी प्रार्थना स्वीकार नहीं की। अन्त में उन्होंने अंग्रेजों को युद्ध में पराजित किया। राजा शिन्दे ने पराजित अंग्रेज़ों के परिवारों की रक्षा की और अंग्रेज़ों को बराबर सहायता देता रहा।

भारतीय इतिहास का यह बड़ा कमज़ोर पृष्ठ रहा।

1 जुलाई, 1857, महू

इन्दौर से मात्र 18 किमी॰ दूर अंग्रेज़ों की छावनी थी। वहाँ की रेजीमेंट कर्नल डूरेंड के अधीन थी। अंग्रेज़ों की सेना के तोपखाने का अधिकारी कर्नल प्लाट था।

1 जुलाई की सुबह सहादत खाँ दस-बारह सैनिकों के साथ कहता फिरा, ''मित्रों अंग्रेज़ों पर आक्रमण करो। उन्हें मार डालो। यही महाराज का आदेश है।''

भारतीय सैनिकों में जोश पैदा हो गया। उनकी संख्या भी अधिक थी। उन्होंने आक्रमण कर दिया। कर्नल डूरेंड भाग खड़ा हुआ।

भारतीय सैनिकों ने अंग्रेज़ों की चौकियाँ जला दीं। तोपखाने के अधिकारी कर्नल प्लाट को गोली मार दी। निरन्तर तीन दिन महू व इन्दौर में मारकाट मची रही। खज़ाना लूट लिया गया।

अंग्रेज हार गए। वाजिदअली शाह को पुनः वहाँ का नवाब घोषित कर दिया।

13 स्वतंत्रता संघर्ष की मंद पड़ती गति

हमसे ऐतिहासिक भूल हुई कि हमने क्रान्ति को निश्चित तारीख से पहले शुरू कर दिया। इसका फल यह हुआ कि क्रान्ति संगठित रूप में नहीं चल सकी। दूसरे, यह क्रान्ति भारत के एक ही भाग को प्रभावित कर सकी। पूरे भारत में इसकां असर नहीं पड़ा।

अलग-अलग स्थानों पर अलग-अलग समय पर क्रान्ति का बिगुल बजा फलत: अंग्रेज़ों को अपनी रणनीति तैयार करने का पूरा-पूरा अवसर मिल गया।

कितना भी कहें परन्तु यह सच है कि तब भी हम एक-दूसरे के प्रति घृणा भाव रखते थे। बाहर से जो क्रान्तिकारी बड़ी उम्मीद से आए थे, उन्हें निराश हो जाना पड़ा।

बादशाह बहादुरशाह ज़फर बूढ़े हो गए थे। उनकी अवस्था 83 वर्ष की थी। वह कमज़ोर इरादों के बादशाह थे। अन्दर से डरते भी थे। उनमें नेतृत्व की क्षमता का अभाव था। वे न तो विजय अभियान को सुनियोजित कर सके और न सैनिकों की व्यवस्था ही जमा पाए। वे दृढ़ संकल्प का परिचय नहीं दे सके।

दूसरे, अंग्रेज़ों का यह भ्रम टूट गया कि भारतीय शान्तिप्रिय और अहिंसा के पुजारी हैं, उनको आसानी से ईसाई बना कर अपना राज्य चिरस्थायी बना लिया जाएगा।

इस वक्त अंग्रेज़ों में दृढ़ संकल्पी, दूरदर्शी और साहसी शासक थे — जैसे लार्ड केनिंग कमाण्डर इन चीफ़, सर हनेरी लारेन्स, गवर्नर उत्तर प्रदेश, सर जोंस लारेन्स, गवर्नर पंजाब, आदि।

क्रान्तिकारी सैनिकों की व्यवस्था ढंग से नहीं हो पा रही थी। वे लूटमार कर रह थे। उससे जनता क्षुब्ध और परेशान थी। अंग्रेज़ों ने सिख तथा गोरखों को अपनी ओर मिला लिया था। राजपूत तटस्थ हो गए थे। कैप्टेन बरनार्ड ने तीनों यूरोपियन रेजीमेंटों — फिरोज़पुर, जालंधर तथा अम्बाला — को सचेत कर दिया। जटोगा के गोरखा फुलवर से अम्बाला की ओर चल दिए।

महाराजा पटियाला ने मुगल बादशाह बहादुरशाह जफर की प्रार्थना ठुकरा कर अंग्रेज़ों का साथ दिया। अंग्रेज़, पटियाला के महाराजा के साथ 4 जून, 1857 को दिल्ली से 10 मील दूर अलीपुर जा पहुँचे।

उधर ब्रिगेडियर आर्कडेल विल्सन के नेतृत्व में मेरठ की सेना गाजियाबाद आ पहुँची। फिर भी भारतीय सेना का वे सामना नहीं कर सके। शाम होते-होते अंग्रेज़ी सेना भाग खड़ी हुई। 8 जून को बदली की सराय पर क्रांतिकारियों तथा अंग्रेज़ों में घमासान युद्ध हुआ। वे अंग्रेज़ों का मुकाबला नहीं कर सके। पुनः छावनी पर अंग्रेज़ों का कब्ज़ा हो गया।

9 जून को क्रान्तिकारियों ने हिन्दूराव की कोठी पर कब्ज़ा कर लिया था। परन्तु अंग्रेज़ों की सहायता के लिये गाइड कोर आ पहुँचा था। अत: क्रान्तिकारियों को पीछे हटना पड़ा। 15 जून को क्रान्तिकारियों ने मेटकाफ की कोठी पर धावा बोला। दो दिन घमासान युद्ध होता रहा। अंग्रेज़ी सेना का एक भाग पराजित हो गया। इस विजय के उपरान्त क्रान्तिकारी चुप हो गए। 23 जून को जालंधर की सेना आ पहुँची थी। उससे अंग्रेज़ों के हौंसले बढ गए थे। 30 जून को क्रान्तिकारियों ने बाड़ा हिन्दूराव व सब्ज़ी मण्डी पर ज़ोरदार हमला किया। अंग्रेज़ हक्के-बक्के रह गए।

कोडियों आक्रमण में क्रान्तिकारियों ने अंग्रेज़ों की रही-सही आशा भी धूमिल कर दी। अब अंग्रेज़ों के लिए दिल्ली छोड़ना आवश्यक हो गया। इंजीनियर बेयर्ड नहीं चाहता था कि अंग्रेज़ दिल्ली से हटें। कारण, उनका पंजाब से संबंध विच्छेद हो जाता और वहाँ से मिल रही सहायता भी स्वत: बंद हो जाती।

6 अगस्त को चूड़ीवालों के मुहल्ले में स्थित बारूद के कारखाने में आग लग गई। इस कांड में 494 व्यक्ति मारे गए। कई घायल हुए। क्रान्तिकारियों को यहाँ से बहुत मदद मिल रही थी। इससे उनको बहुत धक्का लगा। 14 सितम्बर, 1857 का संघर्षपूर्ण दिन। अंग्रेज़ी सेना का एक भाग कश्मीरी गेट की ओर से बढ़ रहा था, दूसरा अजमेरी गेट से और काबुली गेट से। कैम्बैल ने जामा मस्जिद तक सेना को जाने का हुक्म दे दिया। 17 सितम्बर तक अंग्रेज़ी सेना चाँदनी चौक तक पहुँच गई।

20 सितम्बर को ब्रिगेडियर जोंस ने लाहौरी गेट पर कब्ज़ा पर लिया। इधर जामा मस्जिद, लाल किले तथा सलीमगढ़ में अंग्रेज़ों को अपना अड्डा जमाने में सफलता मिल गई। इस संघर्षमय युद्ध में क्रान्तिकारियों को बहुत हानि हुई।

क्रान्तिकारियों के लिए यह संकट का समय था। उनके पास धन का अभाव था। अस्त्र-शस्त्र का अभाव था। उन्हें धन चाहिए। धन कहाँ से आए? किससे मिले? कौन दे?

अभी तक बादशाह बहादुरशाह ज़फर की पकड़ क्रान्तिकारियों पर थी। क्रान्तिकारी सैनिक लूट-मार करना चाहते थे। बादशाह बहादुरशाह ज़फर ने उन्हें रोका, और कहा, ''नगर लूटने की आवश्यकता नहीं है। मैं अपने घोड़े, हाथी तथा सोने चाँदी के जेवरात बेचकर धन दूँगा। यदि मैं ऐसा नहीं कर सका तो नगर छोड़ कर जा सकते हो। मैंने तुम्हें नहीं बुलाया था। फिर भी तुम नगर लूटने का इरादा रखते हो तो मेरी हत्या कर दो। उसके बाद तुम्हारी जो मर्जी आए करना।''

बादशाह बहादुरशाह जफर इस समय संकट में थे। वे यह बखूबी जानते थे कि क्रान्तिकारियों के पास न केवल धन का संकट अपितु बल का संकट भी है। परन्तु धन चाहिए था। वे बराबर प्रार्थना करते रहते थे। वे कहते थे :

''दुश्मन ने चारों ओर से घेर लिया है—
हे इमाम हज़रतअली, खुदा के वास्ते,
मदद के लिए, आसमानी (दैवी) सेना भेजिये,
ज़फर की तुमसे यही प्रार्थना है।''

परन्तु खुदा ने बादशाह की नहीं सुनी। बादशाह घबरा गए। बमुश्किल बादशाह की बेगम जीनतमहल ने हडसन को उत्कोच देकर उससे अपनी औलाद की हिफ़ाजत का वायदा लिया।

बादशाह ज़फर हालात से डर गए। उनकी बेगम और मिर्ज़ा इलाही बख्श ने बादशाह पर लगातार दबाव डाला और समझाया कि क्रान्तिकारियों का अन्त नज़दीक है। अब भी वक्त है कि उनसे अलग हो जाएँ। इससे पुलाव की रकाबी को कोई खतरा नहीं होगा।

बादशाह मान गए और हडसन ने उन्हें आसानी से गिरफ्तार कर लिया। यह उनके साथ धोखा था। बादशाह चीखे-चिल्लाए। पर अब उनका चीखना-चिल्लाना सब बेकार था।

बादशाह के अपराध की जाँच के लिए अंग्रेज़ों ने कमीशन बिठलाया। दीवाने-खास में बादशाह की पेशी सामान्य कैदी की तरह होती थी। अंग्रेज़ों ने लाहौरी गेट पर बादशाह का एक चित्र बनवाया जिसमें उन्हें फाँसी दी जा रही थी। इन सबके पीछे एक खास उद्देश्य था कि कोई उनके विरूद्ध सिर न उठा सके। हालांकि बहादुरशाह की मृत्यु अपने आप हुई थी।

अंग्रेज़ों की दिल्ली पर विजय हो गई। बादशाह के तीनों शाहज़ादों को नंगा करके हडसन ने शहर के मध्य भून डाला उनकी नंगी लाशें कोतवाली के सामने रखवा दी ताकि नागरिक विद्रोह का अंजाम समझ सकें।

अब क्रान्तिकारियों तथा नवाबों एवं राजाओं-महारानियों के पतन का दौर-दौरा शुरू हुआ। 10 जुलाई को नाना साहब कानपुर के पास अंग्रेज़ों से हार कर बिठूर भाग गए। अंग्रेज़ों ने कानपुर पर ऐसा अत्याचार किया कि लोग चंगेज़ खाँ के अत्याचार को भूल गए। लखनऊ में क्रान्तिकारियों ने रेजीडेंसी को घेर लिया था। वहाँ घमासान युद्ध हुआ। हेनरी लारेंस को तोप का गोला लगा और वह वहीं गिर पड़ा। उसने मरने से पूर्व कहा —

> ''मेरे शव को खास इज़्जत से गाड़ने की ज़रूरत नहीं है। कर्त्तव्य निभाते हुए करने वाले एक साधारण सैनिक की तरह मुझे दफ़नाया जाए। आत्मसमर्पण कभी मत करना और न अनादरपूर्ण संधि। अपने कर्तव्य का पालन बहादुरों की तरह करते हुए रणक्षेत्र में प्राण दे देना।''

लखनऊ की क्रान्तिकारी सेना का नेतृत्व मौलवी अहमदशाह बड़ी निपुणता से कर रहे थे। अंग्रेज़ी सेना भागने की तैयारी करने लगी थी। उसके पाँव उखड़ गए थे। तभी उनकी मदद को ब्रिगेडियर एच. रोक्रापंट की सेना वहाँ आ पहुँची । नेपाल के राजा जंग बहादुर के नेतृत्व में गोरखे भी अंग्रेज़ों की ओर से युद्ध करने लगे। इसका परिणाम यह हुआ कि अंग्रेज़ों की जीत हो गई, क्रान्तिकारी हार गए।

लखनऊ से मौलवी अहमदशाह भाग कर शाहजहाँपुर पहुँचे। नाना साहब भी वहीं आए। पेशवा की इमारतों को अंग्रेज़ों ने जला दिया था। नाना साहब की पुत्री भी वहीं जल कर राख हो गई थी।

अंग्रेज़ों ने उनका पीछा किया। उन दोनों को वहाँ से भागना पड़ा। मौलवी अहमदशाह पवन रियासत के राजा जगन्नाथ सिंह के पास पहुँचे। उसने विश्वासघात किया। अहमदशाह को गोली से उड़वा कर अंग्रेज़ों से इनाम प्राप्त किया।

26 मार्च को अंग्रेज़ों की सेना ने झाँसी का किला घेर लिया। दोनों ओर से भयंकर युद्ध हुआ। दुर्भाग्य से रानी के बारूदखाने में आग लग गई। बारूदखाना उड़ गया।

झाँसी की रानी ने नाना साहब से मदद माँगी। कालपी से एक बड़ी सेना लेकर ताँत्या टोपे उनकी मदद को आ पहुँचा।

उधर अंग्रेज़ों की सहायता ग्वालियर का राजा शिन्दे तथा टीकमगढ़ का राजा कर रहे थे।

वहाँ पहुँचते-पहुँचते ताँत्या टोपे की सेना काफी थक चुकी थी। रास्ते में भी उसने चरखारी के राजा से युद्ध किया। तीन लाख रुपया तथा तोपखाना छीन कर ताँत्या टोपे आगे बढ़ गया था।

ताँत्या टोपे ने अपनी सेना को आराम नहीं करने दिया। जबकि उसकी फौज को आराम की सख्त ज़रूरत थी। वह थकी-माँदी सेना को लेकर झाँसी पहुँच गया।

अंग्रेज़ों ने रात में ही उसकी सेना पर आक्रमण कर दिया। उसकी सेना संभल नहीं पाई। भाग खड़ी हुई। ताँत्या टोपे ने उसे रोकने की भरसक कोशिश की। परन्तु उसका कोई असर नहीं हुआ। आखिर उसे पीछे हटना पड़ा।

इधर महारानी लक्ष्मीबाई ने अपने सैनिकों में ऐसा जोश पैदा किया कि वे दूने उत्साह से लड़ने लगे।

ह्यूम अवाक् रह गया। उसने 12,000 सैनिकों को किले पर आक्रमण करने के लिए झोंक दिया।

दोपहर तक अंग्रेज़ों को किले में प्रवेश पाने में सफलता मिल गई। घमासान युद्ध हुआ। चप्पा-चप्पा भूमि पर युद्ध हो रहा था।

महारानी लक्ष्मीबाई पुरुष-वेश में सेना का संचालन कर रही थीं। वह कवच पहने थीं। उनके दोनों हाथों में तलवारें थीं।

शाम ढलने से पहले-पहले झांसी के किले पर अंग्रेज़ों का झंडा लहरा उठा। रानी क्या करती? वह विवश थी। खून का घूँट पीकर रह गई। किले से बाहर निकल जाना ही उसने उचित समझा। लेफ्टिनेंट ब्रौकर ने रानी का पीछा किया। एक स्थान पर रानी तथा उसके बीच युद्ध हुआ, जिसमें ब्रौकर मारा गया।

रानी वहाँ से 160 किमी॰ दूर कालपी पहुँची। अंग्रेज़ों ने उसका पीछा किया। उन्होंने कालपी जीत लिया परन्तु वे ताँत्या टोपे व रानी को नहीं पा सके।

रानी ने एक सप्ताह में ग्वालियर के किले पर अपना झंडा फहरा दिया।

इससे गवर्नर जनरल लार्ड केनिंग घबरा गया। झाँसी विजय के बाद ग्वालियर पर अंग्रेज़ों का आधिपत्य होना आवश्यक हो गया था। सिंधिया को विद्रोहियों से अलग रखना लार्ड केनिंग की योजना थी। यदि सिंधिया विद्रोहियों से मिल गए तो लेने के देने पड़ जाएँगे। अब हर हालत में ग्वालियर का किला अंग्रेज़ों को जीतना आवश्यक हो गया क्योंकि ताँत्या टोपे की दूरदर्शिता व कुशल नेतृत्व सारे दक्षिण भारत को अंग्रेज़ों के विरुद्ध खड़ा कर सकता था।

ताँत्या टोपे व रानी का अदम्य साहस, नेतृत्व कुशलता, अद्वितीय संगठन शक्ति, आदि हमारे देश के सैनिकों की वीरता के यादगार पन्ने हैं। उस समय 'लंदन टाइम्स' ने ताँत्या टोपे के बारे में जो लिखा था, वह अमर यशगाथा है। लंदन टाइम्स ने लिखा था—

"ताँत्या टोपे की जितनी प्रशंसा की जाए वह कम है।
उसने सारे मध्य प्रदेश में खलबली मचा रखी है।
वह छावनियों का अस्तित्व मिटाता है,
खज़ाने लूटता है।
सेनाएँ इकट्ठी करता है —
सेनाएँ नष्ट होने पर फिर सेनाएँ इकट्ठी करता है।
वह हारता है।
लेकिन फिर भी नहीं हारता।
वह आज हमारी सेना के पीछे है।
तो कल आगे
वह कभी घेरे के अन्दर है
तो कभी घेरे के बाहर।"

आगरा से अंग्रेज़ों की सेना ग्वालियर पहुँच गई। ग्वालियर के राजा जियाजी राव को अंग्रेज़ सेनापति ने सबसे आगे रखा। इसका नतीजा यह निकला कि ताँत्या टोपे के लाख चाहने पर भी ग्वालियर की सेना ने अपने राजा पर आक्रमण नहीं किया।

मुरार पर अंग्रेज़ों का आसानी से कब्ज़ा हो गया। अगले दिन अंग्रेज़ी सेना ने ग्वालियर के किले पर आक्रमण किया। अंग्रेज़ी सेना का ज़ोर पूर्वी द्वार पर था। वहाँ रानी थी। वह खूब लड़ी।

ह्यूज़ उसकी अद्वितीय शक्ति के सामने नत हो गया। हालाँकि उसकी सेना में दरार पड़ गई थी। पेशवा राव साहब भाग गए थे। ताँत्या टोपे भी कूच कर गया। अकेली रानी रह गई।

रानी ने घोड़े की लगाम को दाँतों से दबा रखा था। दोनों हाथों से वह तलवार चला रही थी। अंग्रेज़ सेना को वह चीरती चली जा रही थी।

वह मौका पाकर घेरा तोड़ कर बाहर निकलने के लिए उद्यत हुई। उसने घोड़े को एड़ लगायी। घोड़ा पलक झपकते ही दौड़ पड़ा।

अंग्रेज़ सेना ने उसका पीछा किया।

रास्ते में नाला पड़ा। उसे रानी का घोड़ा छलाँग लगाकर पार न कर सका। अंग्रेज़ सैनिकों ने रानी को घेर लिया। उसकी तलवार टूट गई। एक अंग्रेज़ सैनिक की तलवार के वार से उसका सिर फट गया। दूसरा वार उसकी छाती पर हुआ। ह्यूज़ ने उसकी मृत्यु का समाचार सुनकर कहा : ''विद्रोहियों में सबसे बड़ा कोई मर्द था तो वह थी झाँसी की रानी।''

ताँत्या टोपे 1859 तक अंग्रेज़ों से लड़ता रहा। वह खूब लड़ा। वह अंग्रेज़ों के हाथ तब भी नहीं आया जब वह हार गया।

जाबार अलीपुर में उसे नेपियर साहब ने घेर लिया था। वह गोरिल्ला युद्ध नीति का सहारा लेकर साफ निकल गया। वह मध्यप्रदेश, राजस्थान, आदि प्रदेशों में घूमता फिरा, परन्तु उसे किसी ने मदद नहीं दी।

अंग्रेज़ों ने विद्रोही मराठा सरदार मानसिंह को अभयदान देकर अपनी ओर फोड़ लिया।

ताँत्या टोपे सब तरफ से निराश होकर अपनी सारी सेना राव साहब तथा फिरोज़शाह को सौंपकर पाड़ीन के वन में उतर गया।

मानसिंह ने ताँत्या टोपे को धोखा दिया। अंग्रेज़ सैनिकों ने आधी रात को उसे गिरफ़्तार कर लिया। तब उसकी आयु 45 वर्ष की थी। उसका कद मंझोला था, आँखें काली थीं और चेहरे पर तेज था।

18 अप्रैल, 1859 को उस वीर पुरुष को शिवपुरी में फाँसी दे दी गई।

यों स्वतंत्रता का यह पहला संग्राम असफल हो गया। हम स्वतंत्रता प्राप्त करते-करते उससे वंचित रह गए।

14

1857 के पश्चात् : स्वाधीनता के संघर्ष की कहानी

1857 में भारतीय हार गए। अंग्रेज़ जीत गए। ताँत्या टोपे को शिवपुरी में सूली पर चढ़ा दिया गया। 1 नवम्बर, 1858 को ब्रिटिश साम्राज्ञी ने भारत का शासन अपने हाथ में ले लिया था। इस अवसर पर तत्कालीन साम्राज्ञी ने घोषणा की थी — जनता चाहे वह किसी जाति, रंग और धर्म की हो, उसे बिना भेदभाव के शिक्षा, योग्यता, चरित्रबल तथा कार्यक्षमता के अनुसार सरकारी नौकरियों में लिया जाएगा। पर ये तो मन रखने की बात थी। इस संग्राम का दमन करने में अंग्रेज़ों ने अमानवीय कार्यवाही की थी। गाँव के गाँव जला डाले थे। कैदियों को मार डाला था। निर्दोष औरतों और बच्चों को भून डाला था। साम्राज्ञी ने अंत में भारतवासियों से अपील की थी कि वह उनकी समृद्धि और शक्ति, उनके सन्तोष में अपनी सुरक्षा और उनके कृतज्ञता के भाव में अपना पारितोषिक मानेगी। इस घोषणा पर दादा भाई नौरोजी ने कहा था कि उन्हें इंग्लैंड की अन्तरात्मा पर विश्वास रखना चाहिए। उन्हें यह मानकर धीरज रखना चाहिए कि इंग्लैण्ड के लोग उनके साथ न्याय का व्यवहार करने के लिए जिन बलिदानों की जरूरत समझते हैं, उन्हें नि:संकोच करने के लिए तत्पर होंगे।

तब तक अपना देश बहुत कमज़ोर हो चुका था। आपस में लड़ता था। राजा, नवाब, सामन्त, जागीरदार आदि और उनके साथियों ने साम्राज्ञी विक्टोरिया का विश्वास नहीं किया। मुसलमानों की इस देश पर लम्बे

समय तक हुकूमत थी। उनके दिलोदिमाग पर अभी तक हुकूमत का नशा छाया हुआ था। देशी रियासतें भी फिरंगियों को नहीं चाहती थीं।.... वैसे भी सिक्ख राजा, राजपूताने के राजा, आदि इस संग्राम में अंग्रेज़ों के साथ थे। हैदराबाद के सालारजंग और ग्वालियर के दिनकर राव ने अंग्रेज़ों का साथ दिया था। गोरखों ने भी अंग्रेज़ों की जी तोड़ मदद की थी। इस संग्राम में 30 हज़ार भारतीय सैनिक और एक लाख नागरिक मारे गए थे।

सर डब्ल्यू. रसल की डायरी

सर डब्ल्यू. रसल ने "भारत में मेरी डायरी" में लिखा है कि यदि सारे भारतवासी पूरे उत्साह और साहस से अंग्रेज़ों के विरूद्ध हो जाते तो अंग्रेज़ पूर्णतः नष्ट हो जाते। यदि पटियाला और जींद के राजा हमारे मित्र न होते तो सिक्ख हमारी सेना में भरती नहीं होते और यदि पंजाब में शक्ति न बनी रहती तो दिल्ली पर हमारा अधिकार करना सम्भव नहीं होता।.... पर होनी को कौन रोक सकता है।

बहादुरशाह ज़फर की अपील

बादशाह बहादुरशाह ज़फर ने अपील करते हुए कहा था —

''भारत के हिन्दुओं और मुसलमानों, उठो!

भाइयो उठो!

ईश्वर के सभी वरदानों में स्वराज्य ही उसका दिया सर्वश्रेष्ठ वरदान है। जिस शैतान ने उसे हमसे छल से लूटा है।

देखें, वह उसे कब तक संभाल सकता है।''

बहुत जोरदार अपील की थी।

लेकिन बहुत देर बाद। अब तो हिमालय से कुमारी अन्तरीप तक सम्पूर्ण भारत ब्रिटिश सरकार के अधीन आ चुका था।.... इतना बड़ा देश मुट्ठी भर लोगों का दास बन चुका था। जनता राजा, नरेशों, नवाबों, सामन्तों से निराश हो चुकी थी। समाज अंध विश्वासों की पकड़ में कसमसा रहा था। समाज की आर्थिक स्थिति दयनीय थी। तब कौन सिर हथेली पर रख कर समाने आता और फिरंगी शासन के फन काट डालता ?

सामाजिक सुधार

सवाल जनता को जगाने का था। राजा, नरेश आदि से आशा करनी बेकार थी। ऐसे में राजा राममोहन राय सामने आए। उन्होंने मूर्ति पूजा के विरूद्ध आवाज़ उठायी। सतीप्रथा को गैर कानूनी करार करवाया। स्वतन्त्रता, समता और भाईचारे की बात समझायी।... मूलशंकर अर्थात् महर्षि दयानंद ने आर्य समाज की स्थापना की थी। उन्होंने अन्य धर्म वालों के लिए हिन्दू धर्म के द्वार खोल दिए थे। उन्होंने वेदों से तर्क देकर हिन्दू धर्म को विशाल बनाया था। उन्होंने बाल विवाह, वृद्ध विवाह व बहु विवाह का विरोध किया था और विधवा विवाह का पक्ष लिया था। उन्होंने 'सत्यार्थ प्रकाश' अमर ग्रंथ की रचना की थी। वे स्वराज्य, स्वभाषा, स्वदेश और स्वभेष के पक्षधर थे।

बंगाल में स्वामी रामकृष्ण परमहंस हुए थे। वे अल्लाह, ईसा और रामकृष्ण सबको एक मानते थे। उनके पटु शिष्य थे नरेन्द्रनाथ दत्त। दत्त ने जवानी में ही संन्यास ले लिया था और फिर वे स्वामी विवेकानंद के नाम से जाने गए थे। वे सब धर्मों को सच्चा मानते थे। उन्होंने कहा था कि जैसे नदियाँ विभिन्न रास्तों में होती हुई अंत में समुद्र में मिल जाती हैं, उसी तरह विभिन्न धर्म, विभिन्न साधनाएँ अंत में महाप्रभु से मिल जाती हैं। .... सब मानव हैं सब समान हैं।

सन् 1877 ई॰ में साम्राज्ञी विक्टोरिया ने शाही दरबार लगाया था जिसमें उन्होंने राजा-महाराजा, नवाब, सामन्त, ज़मींदार आदि को सम्मानित किया था ताकि उनका सहयोग उन्हें मिल सके।.... इसी समय पी. सी. इल्बर्ट बिल सामने आया जिसमें यह व्यवस्था थी कि ज़मींदार किसानों को लगान की रसीद देंगे और जो किसान बारह वर्ष तक ज़मीन जोत लेगा, वह उस ज़मीन का मालिक हो जाएगा।... जनवरी 1877 में जब क्वीन विक्टोरिया को भारत की साम्राज्ञी घोषित किया गया था। तब भारत में घोर अकाल पड़ा हुआ था। तभी भारत से 80 लाख पौंड का अन्न भी निर्यात किया गया था। ऐसी होती है पराधीनता की कहानी — एक ओर भारत भूखों मर रहा था और दूसरी ओर 80 लाख पौंड का अन्न इंगलैंड भेजा जा रहा था।

यह सबकी समझ में आने लगा कि पराधीनता अभिशाप क्यों है। अंग्रेजों में भी कई ऐसे थे जो मानवतावादी थे। सन् 1880 में लार्ड रिपन भारत के गर्वनर जनरल होकर आए थे। वे उदारवादी अंग्रेज़ थे। उन्होंने प्रशासन तथा न्यायिक क्षेत्र में अनेक सुधार किए थे। अभी तक भारतीय न्यायधीशों को यूरोपियन अपराधियों के मुकदमे सुनने का अधिकार नहीं था। पी. सी. इल्बर्ट रिपन परिषद् के विधि सदस्य थे। उन्होंने यह विधेयक प्रस्तुत किया था कि यूरोपियन अपराधियों के मुकदमे भारतीय न्यायाधीश सुन सकें। लार्ड रिपन चाहता था कि काले-गोरे, ऊँच-नीच आदि का भेदभाव मिटे।... यह बात गोरी जाति को पंसद नहीं आयी। उन्होंने लार्ड रिपन को जी भर कर कोसा। ब्रेनसन ने स्पष्ट कंहा था कि भारतीय सदैव दास रहे हैं और आगे भी दास रहेंगे। उन्हें गोरों के बराबर नागरिक अधिकारों की सुविधा प्रदान नहीं की जा सकती।... अंग्रेज़ों ने एक संघ बनाया — ''यूरोपियन रक्षा संघ।'' इस संघ ने इस विधेयक की निंदा की।

कलकत्ता के कुछ अंग्रेज़ों ने सरकारी भवन के सन्तरियों को वश में करके लार्ड रिपन को बाँध कर इंग्लैंड भेजने का षड्यंत्र रचा। षड्यंत्र षड्यंत्र बन कर रह गया। लार्ड रिपन को यह विधेयक वापस लेना पड़ा। इससे यह पोल खुल गई कि अंग्रेज़ों के मन में भारतीयों के प्रति उपेक्षा व नफ़रत के भाव हैं। वे तानाशाह हैं। जमशेद जी जीजा भाई, सुरेन्द्र नाथ बनर्जी, मंगलदास नाथू भाई आदि ने अंग्रेज़ी शासन के प्रति प्रतिकूल विचार प्रकट किए थे। तत्कालीन भारतीय न्यायाधीश बिहारी लाल गुप्त, सुरेन्द्रनाथ बैनर्जी (जो प्रेसीडेंसी मजिस्ट्रेट थे), रमेशचन्द्र दत्त (ज़िला मजिस्ट्रेट) आदि ने यह समझ लिया था कि ब्रिटिश सरकार उन्हें निष्पक्ष न्याय देने के पक्ष में नहीं है। इससे देशभक्ति का वातावरण बना। निश्चित ही इस विधेयक के पास हो जाने से भारतीयों को शान्ति मिलती। लेकिन इसके पास न होने से अंग्रेज़ी सरकार का सबसे ज्यादा नुकसान हुआ। महारानी विक्टोरिया के दिए आश्वासनों के पुलन्दों को तीली दिखा दी गई। पूर्व गवर्नर जनरल लिंटन के नृशंस तथा अत्याचारी शासन ही ब्रिटिश साम्राज्ञी की वास्तविक आकांक्षा है, इससे यह विश्वास हो गया।

इससे पढ़ी-लिखी जमात अपने हितों के लिए आवाज़ उठाने लगी। मद्रास नेटिव ऐसोसियेशन, पूना की सार्वजनिक सभा आदि ब्रिटिश शासन के विरूद्ध आवाज़ उठाने लगी। यह माँग की जाने लगी कि सिविल सर्विस के द्वार सबके लिए खोले जाएँ, निम्न कर्मचारियों के वेतन में वृद्धि की जाए और उच्चाधिकारियों के वेतन में कटौती की जाए, नियुक्तियाँ प्रतियोगी परीक्षाओं के आधार पर हों।... यह सब इसी का परिणाम था।

भारतीय काँग्रेस की स्थापना

सन् 1885 में एलन आक्टेवियन ह्यूम ने काँग्रेस की स्थापना की थी। 28 दिसम्बर, 1885 से 31 दिसम्बर, 1885 तक पूना में काँग्रेस का पहला अधिवेशन हुआ था। उद्देश्य था — लोकताँत्रिक संविधान की स्थापना, वैयक्तिक महत्वाकांक्षाओं से मुक्ति और जो सबसे महान् हो, वह सबका सेवक बन जाए। इसका नाम पड़ा — भारतीय राष्ट्रीय काँग्रेस। इस तरह बुद्धिजीवियों को एक मंच मिल गया। ह्यूम स्वाधीनता के पुजारी थे। भारत की निर्धनता तथा दुर्दशा पर उनका मन दुखी था।

मानव भक्त ह्यूम

हमारे पढ़े-लिखे भारतीयों ने अलग-अलग रूप से,
हमारे अखबारों ने व्यापक रूप से
और हमारी राष्ट्रीय महासभा के सभी प्रतिनिधियों ने
एक स्वर से सरकार को समझाने का प्रयत्न किया।
परन्तु सरकार ने,
जैसा कि प्रत्येक स्वच्छंदचारी सरकार का रुख होता है,
समझने से इनकार कर दिया।
अब अपना काम यह है कि देश में अलख जगाएँ
ताकि हर भारतवासी, जिसने भारत माँ की छाती का दूध पिया है,
हमारा साथी, सहयोगी और सहायक बन जाए
और यदि आवश्यकता पड़े तो
काब्डेन और उसके वीर साथियों की भाँति
स्वाधीनता, न्याय तथा अपने अधिकारों के लिए
जो महासंग्राम हम छेड़ने जा रहे हैं,
उसका वह सैनिक बन जाए।

यह सब उसी भले अंग्रेज़ मिस्टर ह्यूम ने कहा था।

ऐलन आक्टेवियन ह्यूम के पिता श्री जोसेफ ह्यूम थे। वे स्काटिश देशभक्त थे। समाज सुधार में उनकी गहरी रुचि थी। उन्होंने बारह वर्ष तक ईस्ट इण्डिया कम्पनी में नौकरी की थी। बाद में उन्होंने संसद में प्रवेश लिया था।

ऐलन ने ईस्ट इण्डिया कम्पनी से अपनी नौकरी शुरू की थी। वे भी अपने पिता की तरह राष्ट्रभक्त तथा समाज सुधारक थे। उन्हें मानव से बहुत प्यार था। ऐलन भी उन्हीं में से एक था। उसे भारत भी अपने देश के समान प्यारा था। वह 1857 में भी भारत में था। उसने बंगाल सिविल सर्विस में कदम रखा था। 26 वर्ष की अवस्था में वह उत्तर प्रदेश के इटावा ज़िले में प्रमुख सिविल अधिकारी बन गया था। डिस्ट्रिक अधिकारी। वह बहुत न्यायप्रिय था।

ऐलन ह्यूम के समय इटावा ज़िले से आबकारी विभाग से हर साल आमदनी बढ़ रही थी। ब्रिटिश सरकार तथा उच्च अधिकारी यही चाहते थे। वे भी ऐलन के काम से बेहद खुश थे।

लेकिन ज़िले का अधिकारी ज़िले का पिता और माँ दोनों होता है। वह उस ज़िले के लोगों की खुशहाली चाहता है। ऐलन ह्यूम ने इसीलिए अपने उच्चाधिकारियों को लिखा था —

मेरे लिए आबकारी की आमदनी का लगातार बढ़ते जाना बहुत दुःख की बात है। मुझे दुःख है कि मैं बरसों से वर्तमान अन्यायपूर्ण पद्धति का विरोध करता आ रहा हूँ, जिसके बारे में आज तक

विचार नहीं किया गया है। वर्तमान पद्धति ने एक ऐसे वर्ग को जन्म दिया है —

- जो स्वार्थांध होकर अपने देशवासियों में शराबखोरी की लत को पैदा करता है,
- जो उन्हें व्यभिचारी और अपराधी बनाता है।
- इस बात को वे ही जान सकते हैं जो मेरी तरह इस देश के लोगों की विपन्न स्थिति का पता लगाने का कष्ट करते हैं कि गत बीस साल में शराबखोरी किस भयंकर सीमा तक पहुँच चुकी है।

लेकिन ऐलन ह्यूम को पदावनत कर दिया गया। उन्हें अपमानित किया गया। उनके नीचे काम करने वाले अधिकारी उनके ऊपर कर दिए गए। वे आबकारी की आय को पाप की कमाई मानते थे। उन्होंने समझाया कि आबकारी से यदि एक रुपये की आमदनी होती है तो उससे उत्पन्न अपराधों के दमन पर दो रुपये खर्च होते हैं। यह मिला उन्हें पुरस्कार।... जब-जब सत्य, सच्चरित्र और नेक इन्सानों की अवमानना की गई, तब-तब उस राज्य का पतन हुआ। ऐलन ह्यूम देशप्रेमी था। वह अपने देश का सम्मान चाहता था। परन्तु उसकी ब्रिटिश सरकार ने नहीं सुनी। इसी कारण न केवल भारत आज़ाद हुआ अपितु उसको ख्याति भी मिली। उस महान् अंग्रेज़ ने कलकत्ता विश्वविद्यालय के स्नातकों को पत्र लिखा था —

> ''यदि आप जैसे शिक्षितों में से ऐसे पचास व्यक्ति नहीं मिल सकते, जिनमें आत्म-बलिदान की पर्याप्त शक्ति हो, जिन्हें अपने देश पर अत्यधिक प्रेम और गौरव हो, जिनमें पर्याप्त सच्ची और निःस्वार्थ हार्दिक देशभक्ति हो, ताकि वे पहल कर सकें और यदि जरूरत पड़े तो अपना पूरा जीवन उसी को समर्पित कर सकें तो भारत के लिए उन्नत जीवन की आशा करना व्यर्थ है।
>
> उसके पुत्रों को तब तक दीन हीन और विदेशी शासकों के हाथ की कठपुतली बना रहना होगा जब आप अपने और अपने देश के लिए अधिक स्वाधीनता, अधिक निष्पक्ष प्रशासन और अपने देश की शासन व्यवस्था में अधिक उत्तरदायित्व पाने के उद्देश्य से दृढ़तापूर्वक संघर्ष नहीं कर सकते, तब तक हम जो आपके शुभचिंतक हैं, गलत और हमारे विरोधी सही सिद्ध होते रहेंगे।''

उस समय डब्ल्यू. सी. बैनर्जी, केशव पिल्लई, दादा भाई नौरोजी, एन. जी. चन्द्रावरकर, रंगैया नायडू, रहीम तुल्ला सायाणी, नरेन्द्रनाथ सेन आदि प्रतिनिधियों ने राष्ट्रीय काँग्रेस के अधिवेशन में अपनी सशक्त भूमिका का पालन किया था। इसमें लार्ड मार्क्विस ऑव डाफरिन ने बहुत सहायता की थी। इस प्रकार देश की स्वाधीनता के संघर्ष के लिए एक नया तथा क्रान्तिकारी मंच मिला।

यदि ब्रिटिश सरकार इन लोगों की बात मान लेती तो हम कदापि 15 अगस्त, 1947 तक स्वाधीन नहीं हो पाते। इन लोगों के सुलझे हुए विचारों से ब्रिटिश सरकार भारतीयों का मन जीत लेती। तनाव कम होता और अंग्रेज़ों की भूमिका को आदर मिलता। सत्य का विरोध विनाश की निशानी है।... 1887 का अधिवेशन मद्रास में हुआ था। प्रसिद्ध बैरिस्टर बदरूद्दीन तैयब उसके अध्यक्ष थे। तब एडवोकेट नार्टन ने इस (भारतीय काँग्रेस) अधिवेशन में बड़ी बुलन्द आवाज़ में कहा था —

- यदि अन्याय के विरोध में विद्रोह करना

और अपने देश के शासन में उचित उत्तरदायित्व माँगना —
यदि दयाहीन शासन तथा प्रजापीड़न के विरूद्ध आवाज़ उठाना
यदि उत्पीड़न व अत्याचार के विरूद्ध विद्रोह करना,
यदि सज़ा से पहले सुनवाई के लिए प्रार्थना करना,
यदि व्यक्ति की स्वतंत्रता की माँग करना
और लगातार विकास की अपेक्षा करना
राजद्रोह है, तो मैं राजद्रोही होने में प्रसन्नता अनुभव करता हूँ
तथा अपने आपको ऐसे राजद्रोहियों के बीच पाकर
और ज्यादा प्रसन्न हूँ।

वह ऐसा जमाना था जब जन राज्य की भावना हर शिक्षित परन्तु देशभक्त इन्सान के मन में उठ रही थी। विदेशी कपड़ों की होली जलायी जा रही थी। दिन पर दिन नया जीवन नये जोश के साथ सामने आ रहा था।... सन् 1905 आ गया। तब लार्ड कर्जन वायसराय थे।

ऐसे मना रक्षाबंधन

लार्ड कर्जन ने किसी की एक नहीं सुनी और 1 सितम्बर सन् 1905 को बंगाल को दो भागों में बाँटने का ऐलान कर दिया। 16 अक्टूबर, 1905 ई. से यह योजना प्रभावी हो गई।... बंगाल भंग का मतलब था — एक शरीर के दो हिस्से कर देना। दोनों इस असहनीय दु:ख से चीख पड़े। सारे देश की निगाहें उस समय बंगाल पर थीं। तब तत्कालीन भारत के सचिव को बंग-भंग के विरोध में 70 हज़ार व्यक्तियों के हस्ताक्षर वाला विरोध-पत्र भेजा गया था। लार्ड कर्जन विरोधी वातावरण में घबराकर स्वेच्छा से इंग्लैंड लौट गया। उसके बाद लार्ड मिण्टो भारत का वायसराय होकर आया। उस समय भारत में अग्नि की ज्वाला धधक रही थी। सारे बंगाल में तूफान आया हुआ था। तब रक्षाबंधन पर्व राष्ट्रीय आन्दोलन में बदल गया था।

हर व्यक्ति एक दूसरे के हाथ में लाल डोरे बाँध रहा था। गंगा तट का दृश्य तो देखते ही बनता था। गंगा तट पर खड़े हज़ारों नर-नारी राखी बाँध रहे थे। आनंद मोहन ने अपार जन समुदाय को वंदे मातरम् का नारा दिया था। एक राष्ट्रीय कोष इसी

दिन खोला गया था, जिसमें सत्तर हज़ार रुपये तुरंत जमा हो गए थे। इस त्यौहार पर किसी घर में चूल्हा नहीं जला था। सारा बंगाल बंद रहा था। सब लोग नंगे पाँव गंगा तट पर स्नान करने गए थे। महाकवि रवीन्द्रनाथ टैगोर ने रक्षाबंधन पर एक गीत लिखा था। गीत के कुछ चरण निम्न प्रकार हैं —

बांगलार माटी, बांगलार जल,

बांगलार वायु, बांगलार फल,

पुण्य होऊक, पुण्य होऊक, हे प्रभु...।

वंदे मातरम् पर प्रतिबंध

वंदे मातरम् की गूँज से ब्रिटिश सरकार घबरा उठी थी। जुलूस के साथ वंदे मातरम् का घोष सुनाई पड़ रहा था। सरकार ने वंदे मातरम् पर रोक लगा दी। ए. रसूल तथा उनकी पत्नी के नेतृत्व में जुलूस निकाला जा रहा था। इस जुलूस में वंदे मातरम् पर रोक थी। इसलिए पुलिस भी जुलूस के साथ-साथ यह देखती चल रही थी कि कोई वंदे मातरम् की आवाज़ उठाए और वह उस निहत्थे जुलूस पर टूट पड़े। उसे छिन्न-भिन्न कर दे। जुलूस बहुत बड़ा था। जुलूस के जोश से जनता में उत्साह का सागर उछालें ले रहा था। इस जुलूस में धीरे-धीरे कवि रजनीकान्त का यह गीत थिरक उठा —

मायरे देवा मोटा कायड़
माथए तुले नेरे भाई
दीन दुखिनी मा जे तोदोर
तार वंशी आर साध्य नाई।

इसका अर्थ था कि "माँ के दिये मोटे कपड़े को शीश झुकाकर स्वीकार कर लो। तुम्हारी माँ दीन दुखी है इससे अधिक उसके वश की बात नहीं है।"

जुलूस में चल रहे लोगों की भुजाओं पर वंदे मातरम् के बिल्ले लगे हुए थे। जुलूस के साथ शर्त यह थी कि कोई वंदे मातरम् नारा नहीं लगाएगा। यह शर्त नहीं थी कि वंदे मातरम् के बिल्ले लोग नहीं लगाएँगे। पर पुलिस को बहाना चाहिए था। वह निहत्थी जनता जनार्दन पर ताबड़तोड़ टूट पड़ी और डंडे बरसाने लगी। पुलिस ने महिलाओं को भी घायल कर दिया। एक बालक ने डंडे खाते हुए वंदे मातरम् जैसे ही कहा वैसे ही उसे पकड़ कर तालाब में फेंक दिया। बारीसाल काण्ड की सारे देश में भर्त्सना हुई। महिलाओं हो पुलिस पकड़ ले गई और उसने उनकी इज़्जत लूटी। यह थी गुलाम होने की सज़ा।

15

स्वतंत्रता के लिए आंदोलन ने गति पकड़ी

नरम और गरम दल

चने-मुरमुरे आज़ादी के दीवानों का नाश्ता था और कभी-कभी यही उनका भोजन बन जाता था।... न उनको रात का ध्यान रहता था और न दिन का, न धूप का और न मूसलाधार वर्षा का। बस एक आग थी, जिसके लिए वे रात-दिन दौड़ रहे थे। तब काँग्रेस में दो दल हो गए थे। एक था नरम दल। उसके नेता रानाडे थे। वे विधि-विधान द्वारा तत्कालीन सरकार को सचेत करने में विश्वास रखते थे। दूसरे थे — बाल गंगाधर तिलक जो गरम दल के नेता थे और जिनका विश्वास सीधी कार्यवाही में था। मराठी साप्ताहिक 'केसरी' उनका ही था। रानाडे और तिलक दोनों ही महाराष्ट्र के देशभक्त थे। दोनों देश के प्रति समर्पित थे।

ये वे ही तिलक थे। जिन्होंने कहा था — स्वतंत्रता मेरा जन्म सिद्ध अधिकार है। वे अति प्रगल्प बुद्धि के थे। अत्यन्त मेधावी थे। निडर और साहसी थे। पेशवा के शासन काल तक गणपति उत्सव राष्ट्रीय त्यौहार के रूप में मनाया जाता था। मराठा शासन काल क्या खत्म हुआ कि गणपति उत्सव को लोग भूलने लगे थे।

गणपति पर्व

तिलक ने सोचा कि गणपति पर्व को पुनः शुरू किया जाए। हिन्दू और मुसलमान दोनों इसमें सम्मिलित होते थे। तिलक ने निश्चय किया कि वे इस पर्व के माध्यम से राष्ट्र में जागृति लाएँगे। फिर से गणेशोत्सव महाराष्ट्र तथा अन्य स्थानों पर मनाया जाने लगा। अब इस पर नाटक खेले जाने लगे, जिनका उद्देश्य राष्ट्र में देशभक्ति जगाना था। ब्रिटिश सरकार ने गणपति त्यौहार को छिन्न-भिन्न किया था। अब वह चौगुनी उत्साह से मनाया जाने लगा। इन नाटकों में दिखाया गया कि दमन का कैसे मुकाबला किया जाए। गणपति पर्व में जुलूस निकाले जाने लगे जिनमें अंग्रेजों को म्लेच्छ कहा जाता था। उन्हें मातृभूमि का शत्रु करार

किया जाता था। देशप्रेम के नारे लगाये जाते थे। नाटकों में गणपति द्वारा गजासुर वध को बड़े पैमाने पर जगह-जगह दिखलाया जाता था। गजासुर अंग्रेज़ों का प्रतीक बन गया था। स्कूल-कॉलिज के छात्र-छात्राओं ने इसमें बहुत जोश दिखलाया। स्कूलों में गणपति व्यायामशालाएँ चल निकलीं। अब गणेशोत्सव जोधपुर, आगरा, मथुरा, मद्रास, द्वारिका, वाराणसी, दिल्ली आदि अनेक बड़े-बड़े नगरों में धूमधाम से मनाया जाने लगा था। ब्रिटिश सरकार पूरी कोशिश करती थी कि ऐसे जुलूसों को रोक दे। वह कभी-कभी लाठी भी बरसाती थी। कभी उनके आयोजकों पर मुकदमा चलाती थी। इससे देश में और उत्साह पैदा होने लगा था। यही नहीं, बंगाल में महाकाली की मूर्ति को लेकर भी जुलूस निकाले जा रहे थे।

शिवाजी आन्दोलन

गणेश आन्दोलन हो गया। गणेशोत्सव से 'नेटिव ओपीनियन' में एक लेख छपा था — शिवाजी की समाधि की दुर्गति। तिलक को इससे नयी प्रेरणा मिली। उन्होंने केसरी के द्वारा शिवाजी कोष की स्थापना की। दो माह यह अभियन बहुत तेजी से चला। शिवाजी के नाम ने देश में एक नया जीवन ला दिया। पूना में एक सार्वजनिक सभा में शिवाजी कोष का प्रचार कार्य पूरा हुआ। यह अद्वितीय सभा थी। ब्रिटिश शासन की स्थापना के बाद पूना में हुई यह सबसे बड़ी सभा थी।

शिवाजी के जन्म दिवस की स्मृति में रायगढ़ के किले की चोटी पर एक उत्सव मनाया गया। किला एक सीधी ढलान वाली पहाड़ी पर स्थित था। उस पहाड़ी की चोटी पर पहुँचना कठिन था। उसकी चोटी पर कोई भवन नहीं था। केवल नीवें व दीवारें मात्र थीं। चारों ओर सन्नाटा था। वह निर्जन स्थान था। ऐसा बीहड़ स्थान उस दिन जगमगा उठा था। तिलक ने यह कठिन स्थान इसलिए चुना था कि वे राष्ट्रीय लहर की नब्ज़ टटोलना चाहते थे।

हर व्यक्ति उस पहाड़ी पर चढ़ भी नहीं सकता था। चढ़ाई सीधी और बहुत कठिन थी। फिर भी महाराष्ट्र के कोने-कोने से छह हज़ार से अधिक लोग वहाँ एकत्र हुए।

उस रात को एक विशाल जुलूस निकाला गया था। लोग हाथ में मशाल लिए थे। उस जुलूस में शिवाजी और उनके गुरु रामदास का विशाल चित्र सबके आकर्षण का केन्द्र था। शिवाजी के सिंहासन आरूढ़ होने के ढाई सौ वर्ष बाद ऐसा भव्य समारोह मनाया गया था। वह सुनसान पहाड़ी शिवाजी के जयघोष से गूँज उठी थी। उस दिन से शिवाजी आन्दोलन ऐसा शुरू हुआ कि शीघ्र ही देश के कोने-कोने में फैल गया। कलकत्ता में इस आन्दोलन के प्रति बहुत जोश था।

प्लेग और अकाल

तिलक आत्मसम्मान से जीने का मंत्र दे रहे थे। पूना में प्लेग उग्र रूप धारण कर चुका था। देश में अनेक स्थानों पर अकाल ने कब्ज़ा जमा लिया था। गृहस्वामी की अनुपस्थिति में दुकान और घरों की तलाशी ली जा रही थी। अन्याय के खिलाफ कोई सुनवाई नहीं हो रही थी। गवाह पेश करना या न करना बराबर था। सैनिकों द्वारा मंदिरों को अपवित्र किया जा रहा था। जबर्दस्ती लगान वसूल की जा रही थी। तिलक ने केसरी के माध्यम से पीड़ित लोगों से अपील की थी —

> जब महारानी की इच्छा है कि कोई भूखा न मरे, जब गवर्नर ने यह घोषणा की कि सभी जिंदा रहेंगे और जब भरत मंत्री जरूरत पड़ने पर कर्ज तक लेने के लिए तैयार है, तब भी क्या आप लोग कायरता से तड़प-तड़प कर मर जाना चाहेंगे? यदि आपके पास शेष कर चुकाने को रुपया है तो जरूर चुकाइये! यदि आप ऐसी स्थिति में नहीं हैं, तो क्या आप अधीनस्थ सरकारी अधिकारियों के कोप से बचने के लिए अपनी चीज़ें बेच डालेंगे? क्या आप मौत के मुँह में पहुँच कर भी साहस से

काम नहीं ले सकते ? हम ऐसे कितने अकालों का सामना कर सकते हैं लेकिन भेड़ों जैसी मनोवृत्ति वालों को लेकर क्या कर सकेंगे?

तिलक के कथन में तर्क था, न्याय था और जीने की गरिमा थी। वे बाजार लूटने के पक्ष में नहीं थे, वे चाहते थे कि कलक्टर उन्हें काम और भोजन दे। यह उसका कर्त्तव्य है। तिलक को उनके उग्र विचारों के कारण कारागार में डाल दिया गया। अंग्रेज़ हाकिम सोचते थे कि तिलक को अंदर करने से उग्र वातावरण स्वत: ठण्डा पड़ जाएगा। बहुत कुछ ऐसा हुआ भी। नरम दल वाले मौन हो गए। परन्तु शिवाजी उत्सव की सभाओं में बराबर आग उगली जाती रही। जनता में भी अन्दर–अन्दर आग सुलग रही थी। गणपति आयोजन बहुत सफलता से चल रहे थे।

आयेर्स्ट और रेण्ड की हत्या

पूना प्लेग, अकाल, अत्याचार और अन्याय से गुजर रहा था। उधर महारानी की हीरक जयन्ती के उपलक्ष में 22 जून को पूना में उत्सव मनाया जा रहा था। गणेशखण्ड स्थित सरकारी भवन दुल्हन की तरह सजाया गया था। आतिशबाजी हो रही थी। जनता की हितैषी सरकार की सहानुभूति बेमिसाल थी।

आधी रात हो चुकी थी। उत्सव पूरी जवानी पर था। अन्त में लैफ्टिनेंट आयेर्स्ट अपनी पत्नी के साथ उत्सव से लौट रहा था। वे एक किराये की विक्टोरिया से लौट रहे थे। उसी सड़क पर एक दूसरी विक्टोरिया जा रही थी। अचानक एक चमक के साथ भयानक आवाज़ हुई। आगे वाली विक्टोरिया में मिस्टर रेण्ड थे जो गोली का शिकार हुए थे। एक बार धमाका और हुआ। मिस्टर आयेर्स्ट चीखा, ''हे ईश्वर, मार डाला।'' इसी के साथ वह वहीं ढेर हो गया। डब्लू. सी. रेण्ड पुलिस कमिश्नर था। उसने प्लेग ग्रस्त पूना में अमानवीय व बर्बरता का व्यवहार किया था। ये हत्याएँ दामोदर चाफेकर तथा बाल कृष्ण चाफेकर ने की थीं।

दामोदार चाफेकर ने बन्दीगृह में अपनी आत्मकथा में तत्कालीन स्थिति के बारे में लिखा था — तब बम्बई प्रान्त में प्लेग, कलकत्ते में भूचाल और शेष भारत में अकाल था। उस दु:ख भरे वातावरण में इंग्लैंड की महारानी अपने शासन की 66वीं वर्षगाँठ का भव्य आयोजन किए हुए थी। .... रानी का यह रूप माता का नहीं, नागिन का था। दामोदार का हृदय प्रजा का यह अपमान सहन नहीं कर सका। उसने हीरक जयन्ती की बरसी पर प्रात:काल महारानी की तस्वीर का फटे पुराने जूतों की माला से स्वागत किया।

दामोदार चाफेकर और बाल कृष्ण को फाँसी की सजा दी गई। फाँसी दिए जाने से दस मिनट पहले उनसे अलग-अलग पूछा। ''आज उन्हें फाँसी दी जानी है।'' दोनों ने एक ही उत्तर दिया, ''मरने से कैसा डर! रैण्ड पिस्तौल की गोली से मरा। अन्य लोग घोड़ों से गिर कर मर जाते हैं, मैं फाँसी से झूल कर मरूँगा।''

विदेशी कागज़ का बहिष्कार

बंग-भंग से इंग्लैण्ड की वस्तुओं का बहिष्कार हुआ था। तिलक की आवाज़ सारे भारत में गूँज रही थी। वंदे मातरम् का जयघोष गूँज रहा था। प्रारम्भिक मैट्रीकुलेशन परीक्षा में उत्तर लिखने के लिए ब्रिटेन का बना फुलस्केप साइज़ का कागज़ दिया गया था। विद्यार्थियों ने उस कागज़ को फाड़ कर फेंक दिया और स्वदेशी कागज़ की माँग की।

अंग्रेज़ प्रिंसिपल ने क्राउन का कागज़ फाड़ा जाना महारानी का अपमान समझा। उसने ऐलान कर दिया कि जब तक वे सज़ा पाने के लिए तैयार नहीं होंगे, उन्हें परीक्षा में बैठने नहीं दिया जाएगा।

भारतीय अध्यापक चुप रहे। वे क्या बोलते ? उनके मन में विद्यार्थियों के प्रति सहानुभूति थी। पचास-पचास बेंत की सज़ा देने के बाद भी प्रिंसीपल का मन शान्त नहीं हुआ था। उसने ऐलान कर दिया था कि विद्रोही छात्रों को अच्छे नैतिक चरित्र का प्रमाणपत्र नहीं दिया जा सकता है। अत: वे परीक्षा में बैठने के लिए अयोग्य घोषित कर दिए गए। उस समय परीक्षा में बैठने के लिए चरित्र प्रमाण पत्र आवश्यक था।

विदेशी कपड़ों की होली

इस घटना ने आग में घी का काम किया। जगह–जगह छात्रों ने विदेशी कपड़ों व वस्तुओं की होली जलायी। कुछ के मन में प्रश्न उठा कि विदेशी कपड़ों की होली क्यों! उन्होंने तिलक से कहा, ''क्यों नहीं विदेशी कपड़ों को अर्द्ध नग्न और गरीब लोगों में बाँट दिया जाए।''

तिलक ने उन्हें उत्तर दिया, ''देशभक्ति तथा धर्म के विचार से ऐसा करना अनुचित होगा, क्योंकि जो वस्तु एक देशवासी के लिए अपमानजनक है, वह सभी देशवासियों के लिए अपमानजनक है।'' फिर क्या था एक नया समाँ बँध गया।

पूना। विजयदशमी के उत्सव का दिन। महाराष्ट्र विद्यालय के मैदान से एक जुलूस चला। जूलूस के साथ एक गाड़ी थी। गाड़ी में नगाड़ेवाले थे जो जगह–जगह गाड़ी रुकने पर कहते थे —

सुनो शिवाजी के वंशजो, ध्यान से सुनो,
फिरंगियों की वस्तुओं को अपने घर से निकाल बाहर करो।
विदेशी वस्तुओं को लेकर आओ,
चतुरसिंही मैदान में शीघ्र पहुँचो।
आज वहाँ रावण को जलाया जाएगा।

इसके साथ जोर–जोर से नगाड़े गरज उठते। परचे बँट रहे थे। लोग विदेशी कपड़ों तथा वस्तुओं को उस गाड़ी में डाल रहे थे। चतुरसिंही मैदान में हज़ारों की भीड़ के सामने विदेशी वस्त्रों का रावण बनाकर खड़ा किया गया और फिर उस पर मिट्टी का तेल छिड़ककर आग लगा दी गई। पलभर में तेज लपटें आकाश को छूने लगीं। सारे आकाश में जय शिवाजी, जय गणपति और वंदे मातरम् का स्वर गूंज उठा।

बच्चों में भी विदेशी कपड़े, गुड़िया, खिलौने और यहाँ तक कि विदेशी दवाओं से नफरत हो गई थी। इन बच्चे–बच्चियों की उम्र पाँच बरस से दस के बीच थी। विदेशी कागज की बनी उत्तरपुस्तिकाओं के प्रयोग से विद्यार्थियों ने इनकार कर दिया।

बंग–भंग के आदेश को वापस न लेने तक विदेशी वस्तुओं का बहिष्कार जोर–शोर से चलता रहा। इस स्वदेशी आन्दोलन को दबाने के जितने भी दमनकारी प्रयोग तत्कालीन सरकार ने किये, वे बेअसर सिद्ध हुए। उल्टे उससे जनता का मनोबल बढ़ा और उसने विदेशी वस्तुएँ खरीदना बंद कर दिया। सरकारी पदों के बहिष्कार की आँधी उठी। मिण्टो घबरा गया। वास्तव में कर्जन उसके लिए काँटों की सेज बिछा कर गया था।

तिलक का युग

वह तिलक का युग था। काँग्रेस का नरम दल कमज़ोर पड़ गया था। तिलक का 'केसरी' 20,000 निकल रहा था और लाखों लोगों द्वारा पढ़ा जा रहा था। सरकार तिलक से बुरी तरह परेशान हो चुकी थी। वह किसी भी तरह तिलक को लम्बे समय के लिए अंदर करना चाहती थी। फलतः 12 मई और 9 जून,

1908 को 'केसरी' में प्रकाशित अग्रलेखों के आधार पर तिलक पर मुकदमा चलाया गया।

उन लेखों में सरकार को चेतावनी दी गई थी कि यदि सरकार दमन के रूसी तरीकों का इस्तेमाल करेगी तो भारतीय विवश होकर आत्मरक्षार्थ रूसी क्रान्तिकारियों का अनुसरण करेंगे। .... सरकार भारत में अराजकतावाद को पनपने से रोके। .... बम बनाने से रोकना है तो शासन प्रजापालक बने अन्यथा यह धमाकों की कला सारे भारत में घर कर जाएगी।

तिलक के मुकदमे सुनने के लिए 9 जूरी नियुक्त किए गए थे जिनमें से 7 जूरी अंग्रेज़ थे। सरकार तिलक को सजा दिलाने का जाल बखूबी बुन चुकी थी। इसी कारण 9 में से 7 जूरी उसने अंग्रेज़ नियुक्त किए थे। तिलक को 6 साल की सज़ा हुई। उन्होंने माँडले की एक ऐसी कोठरी में सज़ा काटी जहाँ धूप और पानी से बचने का कोई उपाय नहीं था। तिलक का वहाँ स्वास्थ्य गिरा।

डेढ़ लाख अंग्रेज़ों का करोड़ों लोगों पर राज! कितनी शर्मनाक बात थी। हालांकि तिलक को कारागार में डालने से सारे देश में आग लग गई थी। बस नरम दल शान्त था और आशांचित था कि इस प्रकार पुनः काँग्रेस पर उसका कब्ज़ा हो जाएगा।

प्रसिद्ध समाजवादी नेता हाइन्डमैन ने इसे न्याय का गला घोंटने की संज्ञा से पुकारा था। अनेक यूरोपीयन ने इस फैसले को पक्षपातपूर्ण बताया था और न्याय के नाम पर काला धब्बा कहा था। बम्बई में इस घटना को लेकर मज़दूरों ने हड़ताल शुरू कर दी थी। बम्बई बंद। जहाँ अंग्रेज़ नजर आ जाए, वहीं उसकी पिटायी शुरू। शराब की दुकानें तोड़ डालीं। अधिकांश शहरों में एक दिन ही हड़ताल। स्कूल-कालिज बंद। अनेक जगह पुलिस ने निहत्थी जनता पर डण्डे बरसाये। गोली चली। सरकार कर दमन चक्र बराबर उग्र होता गया। लोगों को काँग्रेस से निराशा हुई। वे बम के पक्ष में होने लगे। उन्हें काँग्रेस प्रस्ताव पास करने वाली संस्था लगने लगी थी।

क्रान्तिकारी सरगर्मियाँ

अब एक नयी दिशा नज़र आई। वह भी क्रान्ति की दिशा। अंग्रेज़ों की हत्या। डकैतियाँ क्रान्तिकारियों को कड़ी से कड़ी सज़ा। फिर बम फटना। जनता क्रान्तिपार्टी के साथ। उनकी एक-एक सूचना से जुड़ी। उसमें नया जोश, नयी उमंग और नया उल्लास। काँग्रेस हिंसात्मक काण्डों की निंदा करती। इससे जनता काँग्रेस की भी उपेक्षा करने लगी।

अब क्रान्तिकारी थे जनता के नायक। सरकार भौंचक्की थी। यह दल तो गरम दल से अधिक उग्र और खतरनाक सिद्ध हो रहा था। मित्र मेला अर्थात् सरकार के विरुद्ध परचे बाँटने का कार्य। गणेश दामोदर सावरकर सूत्रधार। क्रान्तिकारी साहित्य। अंग्रेज़ों का भारत से सफाया। सशस्त्र संगठन का उदय।

विनायक दामोदर सावरकर ने पेरिस से 20 ब्राउनिंग आटोमैटिक पिस्तौलों का एक पार्सल भेजा था। नासिक के मजिस्ट्रेट जैक्सन ने गणेश सावरकर को सेशन सुपुर्द किया था और उन पर राजद्रोह का आरोप लगाया था। पहली पिस्तौल की पहली गोली जैक्सन के लिए। जैक्सन की हत्या। सारे देश में नयी किरण का प्रकाश। सरकार की उग्र दमन नीति पर प्रहार।

धींगड़ा ने बंग-भंग के प्रणेता कर्जन की हत्या करने की योजना बनायी। वह नाकामयाब हुई। उसे 17 अगस्त, 1909 को फाँसी दे दी गई। इससे लंदन के इण्डिया-हाउस तथा भारत में गतिविधियाँ तेज हुईं। आयरिश पत्रों ने मदन लाल धींगड़ा के प्रति सम्मान प्रकट किया।

सावरकर को काले पानी की सजा

विनायक दामोदर सावरकर के पीछे ब्रिटिश सरकार के गुप्तचर लग गये। जैक्सन की हत्या में जिस पिस्तौल में गोली चली थी, वह सावरकर द्वारा भेजी गई पिस्तौल से हुई थी। विस्टोरिया स्टेशन पर सावरकर को राजद्रोह के अभियोग में गिरफ्तार कर लिया गया। उनको भारत भेजे जाने का निर्णय हुआ।

सावरकर को जहाज द्वारा भारत लाया जा रहा था। उस वक्त जहाज मार्सिलीज में लंगर डाले हुए था। वह आँख बचाकर समुद्र में कूद पड़े। उनके पीछे नौ-सैनिक रक्षक भी कूदे। पर वे उन्हें पकड़ नहीं पाए। सावरकर तैर कर मार्सिलीज बंदरगाह के जहाज घाट पर पहुँच गए। वहाँ से वह 500 गज की दूरी तक पहुँच गए। अब वह विदेशी धरती पर थे, जहाँ उन्हें गिरफ्तार नहीं किया जा सकता था।

जहाज के रक्षक सैनिकों ने उन्हें अन्तर्राष्ट्रीय कानून को ताक में रखकर गिरफ्तार कर लिया। फ्रेंच सरकार लगातार ब्रिटिश सरकार को इस गैर कानूनी कार्यवाही के बारे में लिखते हुए सावरकर को लौटाने की माँग करती रही। परन्तु ब्रिटिश सरकार ने उसकी एक नहीं सुनी और सावरकर को नासिक षड़यन्त्र काण्ड में आजीवन कारावास की सज़ा दे दी। उन्हें अण्डमान द्वीप की काल कोठरी में डाल दिया। इसे तब कालेपानी की सज़ा कहते थे। बहुत विरोध हुआ परन्तु काँग्रेस चुप रही। जनता उबलती रही।

सारे देश में बराबर उग्र घटनाएँ जोरों से घटती जा रहीं थीं। डकैतियाँ बढ़ी थीं। पुलिस की हत्याओं का सिलसिला तेज़ हुआ था। बनारस के शचीन्द्रनाथ सान्याल ने उत्तर प्रदेश में क्रान्तिकारी गतिविधियों को तेज़ कर दिया था। मद्रास में मजिस्ट्रेट को वाची अय्यर ने गोली मार कर इस आग को और धहकाया था। नील कृष्ण ब्रह्मचारी और शंकर कृष्ण अय्यर ने क्रान्ति को जवानी दी। कलकत्ते की बंदूक बनाने वाली रोडा एण्ड कम्पनी का एक बाबू पचास माउजर पिस्तौल तथा दस गोलियों से भरी पेटियों को लेकर फरार हो गया।

लाला हरदयाल

विदेशी क्रान्तिकारी दल सचेत हो गया था। कनाडा और अमेरिका में रहने वाले सिक्खों को बहुत अपमान सहना पड़ता था। बिना भारत के स्वतंत्र हुए उनको वहाँ सामाजिक सम्मान नहीं मिल सकता था। इसके लिए लाला हरदयाल सामने आए। उन्होंने भारत को स्वतंत्र कराने के बारे में सोचना शुरू कर दिया था।

सरकार की छात्रवृत्ति पर वह ऑक्सफोर्ड में शिक्षा प्राप्त करने आए थे, परन्तु भारतीय छात्रों की उपेक्षा तथा अनादर के कारण वे छात्रवृत्ति का मोह त्यागकर भारत लौट आए थे। अंग्रेज़ी शिक्षा और अंग्रेज़ी सरकार भारतीयों का विनाश करने वाली है, यह सोचकर वह सानफ्रांसिस्को चले गए और भारतीयों को अंग्रेज़ों के विरुद्ध काम करने में जुट गए। 15,000 डालर एकत्र कर उन्होंने इण्डियन एसोसियेशन की नींव डाली। बाद में इस एसोसियेशन ने अपना नाम गदर पार्टी कर लिया।

वह भारत आते ही गिरफ्तार कर लिए गए। पर वह जमानत पर रिहा होकर स्विट्जरलैंड भाग गए। वहाँ से उन्होंने क्रान्तिकारी कार्यवाहियाँ तेज़ कीं। रास बिहारी बोस और विष्णु गणेश पंजाब आ जाए। रेल की पटरी उड़ाना, बम तैयार करना, भारतीय सैनिकों को अपनी ओर मिलाना, झण्डे तैयार करना, टेलीग्राफ के तार काटना, धन संग्रह करना, ग्रामीण दल तैयार करना आदि क्रार्यक्रम बना लिया गया था कि तभी सरकार को इस योजना का पता चल गया और सरकार ने व्यापक पैमाने पर धरपकड़ शुरू कर दी। पंजाब से पाँच हज़ार लोगों पर मुकदमें दायर किए गए। पाँच व्यक्तियों का कोर्टमार्शल किया गया। पाँच सौ व्यक्तियों को आजीवन कारावास की सज़ा देकर कालापानी भेज दिया गया।

हरदयाल जापान पहुँचकर 'भारतीय क्रान्तिकारी सोसाइटी' के नाम से काम करने लगे। कुस्तुनतुनिया से ''जहाने इस्लाम'' निकला जिसमें अरबी के अलावा उर्दू, तुर्की और हिन्दी में लेख हुआ करते थे, जिनमें एक ही सन्देश होता था कि अंग्रेज़ों की हत्या करो। ये स्वतंत्रता के शत्रु हैं।

इस प्रकार क्रान्तिकारियों ने स्वाधीनता की अलख को कभी तेज और कभी धीमी गति से जलाये रखा। देश-विदेश ने भारतीयों के विद्रोह को जाना। ब्रिटिश सरकार अंदर ही अंदर हिल गई। वे तो कुछ ऐसे कारण थे जिनसे ब्रिटिश सरकार के उखड़ते पाँव बारम्बार जमते रहे।

16
स्वतंत्रता संघर्ष पर प्रथम विश्वयुद्ध का प्रभाव

यूरोप के देशों के बीच अनेक कारणों से तनाव था। यूरोप का हर एक राष्ट्र अपने को श्रेष्ठ मानने लगा था। यूरोप से बहुत दूरी पर बसा अमेरिका भी राष्ट्रवाद के चपेट में आकर इस युद्ध में उतर गया था। चारण तथा चाटुकार दार्शनिक ऐंग्लो-सेक्शन जाति का मिथ्या गुणगान करने लगे थे। इससे यह अनुभव होने लगा था कि भारत अंग्रेज़ों का सदा से गुलाम है।

तब रूस में जार का शासन था, जर्मनी में कैसर विलियम का। उसने सर्वाधिक शक्तिशाली बिस्मार्क को पदच्युत कर शासन अपने हाथ में ले लिया था। अमेरिका, क्यूबा, फिलिपाइन और पोर्टोरिको पर कब्ज़ा कर बैठा था। इटली ने टर्की से त्रिपोली छीन लिया था।

वह गुप्त संधियों का दौर था। फ्राँस और रूस ने जर्मनी के खिलाफ गुप्त समझौता किया था। बेल्जियम और इंग्लैंड के बीच भी संधि हो गई थी।

जर्मनी ने फ्राँस के विरूद्ध युद्ध छेड़ दिया तो रूस ने भी जर्मनी के विरूद्ध युद्ध की घोषणा कर दी। जर्मनी ने बेल्जियम पर आक्रमण किया तो इंग्लैण्ड भी युद्ध में कूद पड़ा। देखते ही देखते इटली, अमेरिका, जापान आदि भी युद्ध में कूद पड़े। ऐसे बन गया यह विश्व युद्ध।

ब्रिटिश सरकार ने प्रवासी भारतीयों को स्वदेश लौटने पर प्रतिबंध लगा दिया था क्योंकि हरदयाल जो कि गदर पार्टी के मंत्री थे, भारत लौटकर आज़ादी की जंग शुरू करने का ऐलान कर चुके थे। जर्मनी भी भारतीयों को स्वतंत्रता के लिए उकसा रहा था।

जहान-ए-इस्लाम

''जहान-ए-इस्लाम'' में अनवर पाशा ने भारतीयों से अपील की थी कि यह उचित समय है जब डेढ़-दो लाख अंग्रेज़ों को भारत से खदेड़ा जा सकता है। बत्तीस भारतीयों को उसने हिंसात्मक कार्यवाही करने के लिए उकसाया था।

काँग्रेस औपनिवेशिक माँग को दोहरा कर चुप हो गई थी। राजा-नवाब अंग्रेज़ों को अपनी वफादारी का परिचय दे रहे थे। हैदराबाद के नवाब ने गवर्नर जनरल को तार भेजकर अपनी वफादारी का परिचय दिया था। उसने तत्काल दो करोड़ रुपये भेजे थे। राजा-नवाब सोच रहे थे कि इस वक्त अंग्रेज़ों की मदद कर वे उनसे युद्ध के बाद अधिक लाभ प्राप्त कर सकेंगे।

मदन मोहन मालवीय कह रहे थे कि अंग्रेज़ पराजित हुए तो हम संकट में पड़ जाएँगे। फिरोजशाह मेहता अंग्रेज़ों के प्रति समर्पित हो रहे थे। लोकमान्य तिलक भी इस वक्त सरकार के प्रति नम्र हो गए थे। गाँधी जी ने भी कहा था कि ब्रिटेन युद्ध में सफल होने पर भारत को स्वतंत्र कर देगा। वे मान रहे थे कि यदि इस वक्त भारत ने ब्रिटिश साम्राज्य की सहायता नहीं की तो आत्महत्या करने की स्थिति आ सकती है।

सन् 1911 ई॰ में जब जार्ज पंचम भारत आए थे तब उन्होंने बंग-भंग को रद्द कर पुनः बंगाल को एक प्रान्त बना दिया था। इसके साथ ही भारत की राजधानी कलकत्ता के स्थान पर दिल्ली बना दी थी। इससे भारतीयों का आक्रोश कुछ कम हो गया था। जार्ज पंचम की उदारता के चर्चे चारों ओर होने लगे थे।

गृहशासन आन्दोलन

गृहशासन आन्दोलन का प्रचार तिलक ने धुआंधार शुरू कर दिया था। उन्होंने कहा कि भारत एक राष्ट्र की हैसियत से साम्राज्य से न्याय चाहता है और स्वतंत्रता को अपना जन्मसिद्ध अधिकार समझ कर माँगता है। यह आन्दोलन पढ़े-लिखे तबके तक सीमित होकर रह गया था। ई. एम. मॉन्टेग्यू भारत के मंत्री बने। उन्होंने धीरे-धीरे उत्तरदायी शासन के विकास का सुझाव दिया। इससे भी भारत को कुछ राहत मिली थी।

विश्वयुद्ध समाप्त हुआ। इसमें बाहर भेजी गई सेना पर डेढ़ अरब पौण्ड व्यय हुआ था। 9,53,374 भारतीय सैनिक बाहर गए थे। इनमें से पाँच हज़ार भारतीय सैनिक लापता हो गए थे, आठ हज़ार बंदी बनाए गए थे, आठ हज़ार छह सौ घायल हुए थे और तीन हज़ार मारे गए थे। इधर इस समय एनी बेसेंट गृहशासन आन्दोलन को तेज करने के जुटी हुई थीं। वह निर्भीक तथा साहसी महिला थीं। ब्रिटेन तथा मित्र राष्ट्रों की इस महायुद्ध में जीत हुई। भारतीय अब स्वशासन की घोषण की प्रतीक्षा करने लगे। उन्हें पूर्ण विश्वास था कि ब्रिटिश सरकार से निभाई गई वफादारी का बदला इतना तो अवश्य ही मिलेगा।

जनरल ओ डायर

यह बहुत बुरा समय था। सन् 1917 में आठ लाख व्यक्ति प्लेग से मर गये थे। चीजों के दाम आसमान छूने लगे थे, परन्तु मज़दूरी पूर्ववत् ही थी। सन् 1918 में मानसून की नितान्त कमी के कारण फसल चौपट हो गई थी। अधिकांश भारतीयों को एक जून की रोटी के लाले पड़ गए थे। युद्ध के बाद छँटनी अभियान के कारण अनेक बेरोज़गार हो गए थे। सरकार का गृहशासन आन्दोलन के प्रति विरोधी तथा दमनकारी रवैया था। सर माइकल ओ डायर ने भयानक दमनचक्र शुरू किया था। श्रीमती एनी बेंसेट ने कहा था —

> सर माइकल ओ डायर के कठोर तथा दमनकारी शासन, उनके अत्याचारी भर्ती के तरीके, उनके बलात् वसूल किया गया युद्ध सहायता धन और समस्त राजनेताओं के प्रति किए गए अत्याचार ने धधकते हुए अँगारों को मात्र ढाँक रखा था, जो ज्वाला में फूट पड़ने को तैयार थे।

युद्ध में दी गई कुर्बानियों का शुक्रिया ब्रिटिश सरकार ऐसे चुकाएगी, यह किसी ने कल्पना में भी नहीं सोचा था। सरकार का रवैया अत्यन्त कठोर हो गया था। रौलेट एक्ट के विरोध की तैयारी हो चुकी थी। इसने भारतीयों के मौलिक अधिकारों पर कुठाराघात किया था। फलत: देशव्यापी हड़ताल 30 मार्च, 1919 तय हुई। बाद में इसकी तारीख 6 अप्रैल कर दी गई। दिल्ली तथा कई अन्य स्थानों पर हड़ताल की तारीख बदलने की सूचना विलम्ब से पहुँची अत: वहाँ हड़ताल भी हुई और जुलूस भी निकाले गए।

सरकार शक्ति प्रदर्शन पर आमादा थी। दिल्ली में गोली चलवा दी। पाँच वहीं ढेर हो गए। अनेक घायल हुए। महात्मा गाँधी को पकड़ कर अज्ञात स्थान पर भेज दिया गया। यह समाचार जंगल में लगी आग-सी सारे देश में फैल गयी। उस समय पंजाब के गवर्नर सर माइकल ओ डायर थे। वे राजनीतिक आन्दोलन के सख्त खिलाफ थे। उन्होंने कांग्रेस के नेताओं के पंजाब प्रवेश पर रोक लगा दी थी।

अब तक मुसलमान और हिन्दू एक हो चुके थे। वे एक-दूसरे के हाथ का पानी पी रहे थे। अंग्रेज़ों को यह मिलन अखर रहा था। पंजाब के दो प्रसिद्ध काँग्रेसी कार्यकर्ता डा. किचलू और डा. सत्यपाल को ज़िला मजिस्ट्रेट ने बुलाकर किसी अज्ञात स्थान पर भेज दिया था। इस घटना ने आग में घी का काम किया। पंजाब में तत्काल बाजार बंद हो गए। अपने नेताओं की मुक्ति के लिए नगारिकों ने एक जुलूस का आयोजन किया। यह जुलूस ज़िला मजिस्ट्रेट की ओर चल पड़ा। जुलूस शान्ति से चल रहा था। उसमें सभी निहत्थे लोग थे।

पुलिस ने रेलवे क्रासिंग पर जुलूस को रोक दिया। जुलूस रुक गया। अचानक पुलिस ने उस शान्त तथा धैर्यवान जनता पर गोली चलानी शुरू कर दी। इस काण्ड में दस व्यक्ति मारे गए और अनेक घायल हो गए।

अमृतसर की जनता इस अमानुषिक व्यवहार से उत्तेजित हो उठी। अब क्या था कि जनता हिंसक हो उठी। वह शवों को लेकर नगर की ओर चल पड़ी। रास्ते में जो अंग्रेज़ मिला, उसका वध करती हुई वह आगे बढ़ती गई। भीड़ ने नेशनल बैंक पर धावा बोल दिया। उसका अंग्रेज़ प्रबंधक मारा गया। भीड़ ने ऐलाइन्स बैंक में भी तोड़ फोड़ की। उसने कई इमारतों में आग लगा दी। उस दिन पाँच गोरे मारे गए।

जलियाँवाला बाग़ नरसंहार

पंजाब के लेफ्टिनेंट गर्वनर ओ डायर ने शहर सेना को सौंप दिया था। वह जल्लाद किस्म का इन्सान था।

13 अप्रैल, 1919। हिन्दुओं का नया साल। इस दिन जलियाँवाला बाग़ में एक आम सभा होने वाली थी। समय शाम के चार बजे का निश्चय हुआ था। जनरल डायर ने यह घोषणा करवा दी थी कि शहर में अगर जुलूस निकले, सभाएँ हुईं अथवा हिंसात्मक वारदातें हुई तो उसका परिणाम बहुत बुरा होगा। इसके साथ ही उसने यह निश्चय कर लिया कि वह उन लोगों को ऐसा सबक सिखाएगा कि भविष्य में उनकी जुलूस निकालने या सभा करने की हिम्मत ही नहीं होगी।

जलियाँवाला बाग़ एक ऐसा खुला स्थान है जिसके तीन ओर ऊँची दीवारें और इमारतें हैं। उसके एक ओर अन्दर जाने के लिए ऐसा सकरा मार्ग है, जिससे कोई बख्तरबंद गाड़ी नहीं गुजर सकती थी वहाँ बीस हज़ार लोगों की भीड़ थी जिसमें मर्द, औरतें और बच्चे शान्ति से बैठे हुए हंसराज को सुन रहे थे।

इसी समय जनरल डायर पचास गोरे और एक सौ अन्य सिपाहियों को लेकर वहाँ आ पहुँचा। अब साढ़े चार का समय हो रहा था। धूप खिली हुई थी। मौसम में गर्मी थी।

जनरल डायर ने भीड़ से कहा कि वह वहाँ से चली जाए। भीड़ ने पलभर में कुछ नहीं सोचा। सिर्फ देखा कि बंदूक लिए सिपाही हैं। उन्होंने भीड़ की ओर बन्दूकें तान रखी हैं। भीड़ का सिर घूमने लगा कि अब क्या करें। उठें या नहीं। एकदम इतने लोग कहाँ जाएँगे। रास्ते को डायर ने रोक रखा है।

जलियाँवाला बाग़ में एक कुआँ था। तीन पेड़ थे। एक समाधि थी। बस बाग के नाम पर वहाँ यही सब कुछ था

''फायर।'' जनरल डायर ने आदेश दिया।

गोलियाँ बरसने लगीं। भीड़ इतस्ततः भागने लगी। पर वह जाएँ तो जाएँ कहाँ! बाहर निकलने का तो एक ही रास्ता था, जिसे जनरल डायर रोके हुए था।

चीख-पुकार। बच्चे मारे गए, मर्द मारे गए और कईं औरतें। देखते ही देखते चार सौ व्यक्ति मारे गए। दो हज़ार से अधिक घायल हुए। सोलह सौ गोलियाँ चलीं! उस समय उनके पास इतनी ही गोलियाँ थीं।

अभी जालिम डायर की आत्मा को शान्ति नहीं मिली। उसने मार्शल ला लागू करवा दिया और कठोर आज्ञाएँ प्रसारित करवा दीं। जो इन आज्ञाओं को नहीं मानेगा, उन्हें कड़ी से कड़ी सजा दी जाएगी, यह ऐलान करवा दिया।

अमृतसर की पानी बिजली बंद करवा दी। राहगीरों को पकड़-पकड़ कर कोड़े व बेंत लगवाये। साईकिलें छीनवा लीं। लोगों को छाती के बल रेंगवाया गया। ऐसा व्यवहार उस बाज़ार के राहगीरों के साथ किया गया, जिस बाज़ार में मिस शैरवुड पर प्रहार हुआ था। दुकानों की चीजों के भाव सिपाहियों की आज्ञा से रखे गए। भारतीय गोरों को सलाम करें, यह हुक्म जारी हुआ। रेलवे स्टेशनों पर तीसरे दर्जे का टिकट मिलना बंद करवा दिया।

निःशुल्क लंगर

चूहड़खाना, जलालपुर, शेखपुरा, लायलपुर, जट्टा आदि स्थानों पर मार्शल ला के अन्तर्गत जनता को अनेक अमानवीय यातनाएँ झेलनी पड़ीं। पंजाब में भूख ताण्डव कर रही थी। भूख के कारण लोग मर रहे थे।

हरकिशन लाल की आत्मा बेचैन हो उठी। उसने लाहौर में निःशुल्क लंगर खोल दिया।

सरकार उससे इतनी नाखुश हुई कि हरकिशन लाल की चालीस लाख की सम्पत्ति जब्त कर ली और उसे कालेपानी की सज़ा दे दी।

हण्टर आयोग

देश-विदेश में जनरल डायर के इस दुष्कृत्य की निंदा की गई। महाकवि रवीन्द्रनाथ टैगोर ने 'सर' की उपाधि त्याग दी। जार्ज पंचम ने भारत को धरोहर बताया। लार्ड हण्टर की अध्यक्षता में एक जाँच आयोग बैठाया गया। वह मात्र दिखावा था। वह वास्तविकता पर पर्दा डालने की कोशिश थी। हण्टर रिपोर्ट ने जनरल डायर के कार्य को उचित बतलाया परन्तु काम में लिए साधनों को अनुचित करार किया।

कांग्रेस ने भी गाँधी जी की अध्यक्षता में आयोग बैठाया जिसने ब्रिटिश सरकार के नेक इरादों का पर्दाफाश कर दिया।

17 गाँधीजी के प्रयासों का आखिरी चरण

असहयोग आन्दोलन

सरकार का दमनचक्र किसी को बर्दाश्त नहीं हुआ। मुस्लिम लीग के अध्यक्ष जिन्ना, सरकार को चेतावनी दे चुके थे। गाँधी जी ने सबके घावों पर मरहम लगाते हुए असहयोग आन्दोलन का प्रस्ताव पास किया था। तिलक का देहावसान हो चुका था। पहली अगस्त, 1920 थी। इस दिन तिलक की मृत्यु हुई थी और इसी दिन से असहयोग आन्दोलन का प्रारम्भ हुआ था। हालाँकि गाँधीजी के इस प्रस्ताव का जबर्दस्त विरोध हुआ था। मोती लाल नेहरू और अली बंधुओं ने विशेष रूप से उनके प्रस्ताव को समर्थन दिया था। गाँधीजी ने अपने अविस्मरणीय भाषण में यह बात जोरदार शब्दों में दोहरायी थी –

अंग्रेज़ी सरकार शैतान है, उसके साथ सहयोग करना नितान्त असम्भव है।....

अंग्रेज़ों के मन से इस आन्दोलन के प्रति डर बैठ गया था। गाँधीजी दक्षिण अफ्रीका में अपने सत्य-अहिंसा कार्यक्रम के कारण विशेष ख्याति पा चुके थे। कलकत्ते में गाँधीजी का जो प्रस्ताव काँग्रेस ने अनुमोदित नहीं किया था, वह एक साल बाद (सन् 1920 की दिसम्बर) पुनः पेश किया गया। इस बार उसे बहुमत से स्वीकार कर लिया।

असहयोग आन्दोलन पूरे भारत में फैल गया था। सारा देश असहयोगी हो चुका था। सबसे पहले गाँधीजी ने अपना पदक गवर्नर जनरल को लौटा दिया। विद्यार्थियों ने सरकारी स्कूल-कॉलिज छोड़ दिए। उन्होंने राष्ट्रीय संस्थाओं में प्रवेश लिया। वकीलों ने वकालत छोड़ दी। पंजाब में लाला लाजपतराज, बिहार में राजेन्द्रप्रसाद, गुजरात में वल्लभाई पटेल, उत्तर प्रदेश में मोतीलाल नेहरू, जवाहरलाल नेहरू, मद्रास में राजगोपालाचारी, बंगाल में चितरंजन दास आदि ने वकालत छोड़ दी। मौलाना मुहम्मद अली, शौकत अली, मौलाना अबुल कलाम आज़ाद, डॉ. अंसारी आदि ने कचहरी का बहिष्कार किया। विजयवाड़ा में अखिल भारतीय काँग्रेस समिति ने निर्णय किया कि आगामी तीन माह में वह तीन कार्य पूरा करेगी—

1. स्वराज्य कोष के लिए एक करोड़ रुपया इकट्ठा करना।
2. काँग्रेस के एक करोड़ सदस्य बनाना।
3. 20 लाख चरखों पर काम शुरू करवाना।

यह कार्यक्रम बहुत तेजी के कार्यरूप में परिणित होने लगा। विदेशी वस्तुओं की होली जलने लगी। विदेशी हैट, कालर, टाइयाँ, सूट, गुड़िया आदि सबके सब स्वाहा होने लगे।

आन्दोलन बहुत सफलता से चल रहा था। ऐसा लगने लगा था कि अब स्वराज्य दूर नहीं है। सरोजिनी नायडू नारी जाति और पुरुष समाज को इस आन्दोलन से जोड़ने में पूर्ण सफल हो रही थीं। सरोजिनी नायडू गाँधीजी को 'मिकी माउस' पुकारती थीं। गाँधीजी चाहते थे कि ऐसे कानून का विरोध किया जाए जिससे बहुसंख्यक जनता प्रभावित है। सरोजिनी नायडू उनके इस मत का समर्थन ही नहीं कर रही थीं बल्कि प्रचार भी कर रही थीं।

चारों ओर वंदे मातरम्, अल्लाहो-अकबर आदि का जयघोष सुनाई पड़ रहा था। गाँधीजी सबको समझा रहे थे — ''हमारा शत्रु बड़ा शक्तिशाली है। अतः लड़ाई बहुत बड़ी होगी। यदि आप इसमें भाग

लेने की बात सोचते हैं तो आपको सर्वस्य त्यागने के लिए तैयार रहना चाहिए। अहिंसा और अनुशासन का कड़ाई से पालन करना होगा।''

विश्व इन कार्यवाहियों को दिलचस्पी से देख रहा था। गाँधीजी के ये स्वर हर एक कार्यकर्ता के मन में गहरे उतर रहे थे। गाँधीजी कह रहे थे कि बुराई और भलाई तथा अंधेरे और उजाले में कभी सहयोग नहीं हो सकता। रियासती राज्य की स्थिति बदतर थी। वहाँ नागरिकों को कोई अधिकार नहीं था। न वहाँ से कोई पत्र निकलता था और न वहाँ स्वतंत्र न्यायपालिका थी। भारतीय रियासती प्रजा परिषद् को भी अपनी सभाएँ ब्रिटिश भारत में करनी पड़ती थीं। उन्हें रियासतों में करने की इज़ाज़त नहीं थी। अंदर ही अंदर रियासतें स्वाधीनता के दीवानों से परेशान थीं। वे भी नहीं चाहती थीं कि उनके यहाँ स्वाधीनता की गतिविधियों की चिनगारी पहुँचे, पनपे और उनके खिलाफ विद्रोह शुरू हो।

असहयोग आन्दोलन के प्रति देशी रिसायतें सतर्क थीं। गाँधीजी के बढ़ते प्रभाव से वे परेशान थीं। काँग्रेस की गतिविधियाँ उनके लिए सिर दर्द बनी हुई थीं।

18 क्राँतिकारी कार्यवाही और ब्रिटिश शासन की अस्थिरता

मोपला क्रान्ति

असहयोग की पुकार सुदूर दक्षिण में मलाबार तट तक पहुँची थी। वहाँ नवीं शताब्दी में कुछ अरब आकर बस गए थे। उन्होंने वहीं द्रविड़ स्त्रियों से विवाह कर लिया था। उनकी सन्तानें मोपला नाम से प्रसिद्ध हुई थीं। ये हिंसक स्वभाव के लोग थे — खूंखार। इन लोगों ने अस्त्र-शस्त्र एकत्र करने शुरू किए थे। स्थानीय शासन को उनकी योजना की भनक पड़ गई थी। पुलिस उनकी तलाशी लेने आई तो दंगे होने लगे। पुक्कोतूर में दंगाइयों ने पुलिस को घेर लिया। परघनंगी में जबर्दस्त तोड़-फोड़ हुई। अंग्रेज़ फौजी अफसर को मार डाला। रेलवे स्टेशन को जला डाला। रेल की पटरियाँ उखाड़ फेंकी।

घमासान युद्ध होने लगा। ब्रिटिश सैनिक टुकड़ियाँ जगह-जगह पराजित हुईं। इधर मोहम्मद हाजी ने अपने को बादशाह घोषित कर दिया। अंग्रेज़ों ने गढ़वाली फौजें, गोरखा और कोचीन से फौजें बुलवाईं। अंत में मोपलों को आत्मसमर्पण करना पड़ा। दो हज़ार से अधिक मोपला मारे गए। छह हज़ार पकड़े गए। बादशाह व उसके अनुयायियों को कोर्ट मार्शल कर दिया गया। शेष को लम्बी सजाएँ हुईं।

अंग्रेज़ों ने मोपलों से बदला लेने के लिए एक जघन्य षड्यंत्र रचा। लगभग सौ मोपलों को मालगाड़ी के एक डिब्बे में बंद कर दिया। यह ट्रेन कालिकट से मद्रास जा रही थी। दक्षिण भारत में तेज़ गरमी पड़ती है। डिब्बे की लोहे की चादरें बेतरह से तप गई थीं। जिसके फलस्वरूप जब पोदानूर स्टेशन पर वह डिब्बा खोला गया तब 68 बंदी मृत पाए गए।

मोपला हिन्दू विरोधी थे। असहयोग आन्दोलन से इनका कोई सीधा सम्बंध नहीं था। लेकिन इन लोगों ने उसका लाभ उठाना चाहा था और एक मुस्लिम साम्राज्य की स्थापना करने की सोची थी। पर उनका वह स्वप्न साकार नहीं हो सका। मोपला की क्रान्ति ठण्डी पड़ गई। वह दरअसल क्रान्ति नहीं एक बलवा था। एक उन्मादी जुनून था।

चौरी-चौरा काण्ड

असहयोग आन्दोलन सफल होता जा रहा था। ब्रिटिश सरकार अंदर ही अंदर घबरा उठी थी कि तभी चौरी-चौरा में एक घटना घट गई। चौरी-चौरा स्थान गोरखपुर के निकट था। भीड़ ने चौरी-चौरा के एक थाने में आग लगा दी थी। परिणामतया एक दरोगा तथा इक्कीस सिपाही इस अग्निकाण्ड में जल मरे थे।

इसी कारण गाँधीजी ने यह आन्दोलन वापस ले लिया था। उनकी धारणा थी कि अभी तक लोगों में अहिंसा का भाव गहराया नहीं। इधर आन्दोलन बंद करने की गाँधीजी ने घोषणा की, उधर ब्रिटिश सरकार ने उन्हें गिरफ्तार कर लिया।

गाँधीजी ने इस आन्दोलन को वापस लेकर समस्त भारतीयों की आशा पर पानी फेर दिया था। बाद में गाँधीजी शोलापुर काण्ड से प्रभावित नहीं हुए और न उन्होंने असहयोग आन्दोलन वापस लिया। वस्तुतः इस मौके पर गाँधीजी ने आन्दोलन वापस लेकर एक बहुत बड़ी गलती की थी। हालाँकि सी. एफ. एंड्रूज ने लिखा था कि ''गाँधीजी ने सत्याग्रह वापस लेकर अपनी महानता का परिचय दिया था। सरकार ने अपने स्थान से गिरकर और आन्दोलन की गड़बड़ स्थिति का लाभ उठाकर निम्न कोटि का कायरतापूर्ण आक्रमण किया था।''

सुभाषचन्द्र बोस से कहा था —

"ऐन उस वक्त जबकि जनता का उत्साह शिखर पर था, आन्दोलन वापस लेने का आदेश दे देना राष्ट्रीय दुर्भाग्य से किसी तरह कम नहीं था।"

जवाहरलाल नेहरू की राय में यह घोषणा उचित थी क्योंकि ''बाहर से हमारा आन्दोलन बड़ा शक्तिशाली दिखाई दे रहा था और बड़ी प्रगति कर रहा था किंतु अंदर से आन्दोलन छिन्न-भिन्न हो रहा था। यह आन्दोलन स्थगित नहीं किया जाता तो शासन के द्वारा खूनी पद्धति से अन्त कर दिया जाता और आतंक का ऐसा राज स्थापित हो जाता जो जनता के उत्साह को समाप्त ही कर देता।'' कुल मिलाकर जनता ने गाँधीजी के इस निर्णय को स्वीकार नहीं किया। यंग इण्डिया में छपे गाँधीजी के लेखों को राजद्रोहात्मक करार करते हुए उन्हें छह वर्ष का कारागार का दंड दिया गया।

काकोरी काण्ड

ऐसे भी व्यक्ति थे जिन्होंने असहयोग आन्दोलन में भाग नहीं लिया था। कुछ लोग शक्ति से ब्रिटिश जुए को उतार फेंकने की कोशिश में थे। उनमें पं. रामप्रसाद भी थे जो मैनपुरी षड्यंत्र में फरार हुए थे। तब योगेशचन्द्र चटर्जी क्रान्तिकारी दल का संचालन कर रहे थे। अशफाक उल्ला खाँ भी इस दल में सम्मिलित हो गए थे। राजेन्द्र लाहिड़ी भी क्रान्तिकारी विचारधारा के व्यक्ति थे। वे भी इस दल के सक्रिय सदस्य थे।

क्रान्तिकारी दल द्वारा असहयोग आन्दोलन के वापस लेने से चन्द्रशेखर 'आज़ाद' भी बहुत निराश हुए। असहयोग आन्दोलन में जिन लड़कों को पकड़ा गया था और जिनसे पूछताछ की गई थी। उनमें से

एक चन्द्रशेखर आज़ाद भी थे। जब आज़ाद से उनका, उनके पिता आदि का नाम पूछा गया तब उन्होंने अपना नाम आज़ाद बताया था। पिता का नाम स्वाधीन कहा था। घर का पता जेलखाना लिखवाया था। उन्होंने मजिस्ट्रेट से कहा था, ''कुशासन में आज़ाद लोगों का स्थान जेलखाना होता है।''

मजिस्ट्रेट ने आज़ाद को 15 बेंत लगाने की सजा दी थी उन्होंने हर बेंत के साथ महात्मा गाँधी की जय बोली थी।

उस वक्त जनता में क्रान्तिकारियों को बहुत पसंद किया जाता था। क्रान्तिकारी दल को धन की जरूरत थी। पर धन कहाँ से आए? कैसे आए? काकोरी काण्ड उसी का परिणाम था।

सन् 1925 ई. में लखनऊ के पास काकोरी में रेल का खज़ाना लूटा गया। ''आज़ाद'' इस काण्ड में थे। 8 डाउन ट्रेन थी, जिससे यह खजाना जा रहा था। यह निर्णय पं. रामप्रसाद का था। अशफाक उल्ला खाँ इस कार्य के विरूद्ध थे। परन्तु अस्त्र-शस्त्र कैसे खरीदे जाएँ? बाहर से अस्त्र-शस्त्र आए हुए थे। बिना अस्त्र-शस्त्र के क्रान्तिकारी दल कैसा? वह क्या करेगा? इसके लिए उन्हें धन की सख्त ज़रूरत थी।

क्रान्तिकारी दल की सक्रियता से सरकार चेतेगी। यह सीधी सरकार को चुनौती होगी। यह तय हुआ कि काकोरी के आस-पास जंजीर खींचकर ट्रेन रोकी जाए और रेल के थैले लूट लिए जाएँ।

इसमें आज़ाद के अलावा राजेन्द्रनाथ लाहिड़ी, रामप्रसाद 'बिस्मिल', अशफाक उल्ला खाँ, रोशनसिंह, मन्मथनाथ गुप्त, मुकुन्दी लाल केशव, शचीन्द्रनाथ बख्शी, बनवारी लाल आदि शरीक हुए थे। ये लोग

शहाजहाँपुर से छेनी, घन, हथौड़ा आदि लेकर ट्रेन में सवार हुए थे। इस गाड़ी में पलटनिया गोरे सशस्त्र थे। इस ट्रेन में खज़ाना एक सन्दूक में बंद जा रहा था। इसकी पहरेदारी बन्दूकधारी कर रहे थे। इस कार्य के लिए राजेन्द्रनाथ लाहिड़ी, शचीन्द्रनाथ बख्शी और अशफाक उल्ला खाँ चुने गए थे। ये तीनों द्वितीय श्रेणी के कम्पार्टमेंट में थे, शेष तृतीय श्रेणी के डिब्बे में। रामप्रसाद इस कार्य का नेतृत्व कर रहे थे। चार के पास माऊजर पिस्तौलें थीं। प्रत्येक पिस्तौल के साथ पचास-पचास कारतूस थे।

राजेन्द्रनाथ ने जंजीर खींची। ट्रेन रेंगते हुए खड़ी हो गई। अभी दिन का अवसान कुछ-कुछ शेष था। धुँधला सा था। गार्ड उतर कर उस डिब्बे की ओर बढ़ रहा था, जहाँ से चेन खींची गई थी। मुसाफिर भी उतरने लगे थे। अशफाक उल्ला खाँ और बख्शी भी नीचे उतर आए। रामप्रसाद ने पिस्तौल तानते हुए गार्ड साहब को ज़मीन पर लेट जाने की आज्ञा दी। वह औंधे मुँह ज़मीन पर लेट गए। उधर शेष क्रान्तिकारी खजाने वाले डिब्बे में घुस गए और उन्होंने धक्का देकर खज़ाने वाला सन्दूक डिब्बे से नीचे गिरा लिया। उस सन्दूक में लगे ताले की चाबी किसी के पास नहीं थी, गार्ड के पास भी नहीं थी। उसमें थैली डाली तो जा सकती थी परन्तु निकाली नहीं जा सकती थी।

सन्दूक में बड़ी मुश्किल से छोटा सा छेद हुआ। अशफाक उल्ला खाँ पिस्तौल मन्मथनाथ को पकड़ा कर खुद सूराख बड़ा करने में जुट गए। सूराख बड़ा हो गया। क्यों न होता वे उन सब में सबसे ताकतवर थे। अब क्या था थैले निकाल कर चादर में बाँध लिये। गोलियाँ बराबर चलायी जाती रहीं। सबको आगाह भी सख्त आवाज़ में करते रहे ताकि कोई गाड़ी से नीचे नहीं उतरे। जो उतरे हुए थे वे तुरन्त ऊपर चढ़ गए। गाड़ी के साथ चल रहे हथियार बंद हिन्दुस्तानी चुपचाप बैठे रहे। उन्होंने जवाब में बंदूक नहीं उठाई मेजर गोरा अंग्रेज़ अपने केबिन से बाहर नहीं निकला। यह सब काम मात्र दस मिनट में हो गया। इसमें एक मुसाफिर मारा गया था।

ये लोग झाड़ियों में उतर कर गायब हो गए। दूसरे दिन सुर्खियों में था इस डकैती का वर्णन। इसमें 40 व्यक्ति गिरफ्तार हुए। मुकदमा शुरू हुआ। इन्द्रभूषण मित्र और बनवारी लाल मुखबिर हो गए। कानपुर के गोपीमोहन सरकारी गवाह हो गए। यह मुकदमा लखनऊ में चला। इससे सारे देश में जागृति पैदा हो गई। सरकार के लिए यह प्रतिष्ठा का मुकदमा था। उसने इस मुकदमे पर दस लाख रुपया व्यय किया था। सरकार की ओर से पं. जगतनारायण मुल्ला इस मुकदमें की पैरवी कर रहे थे। सरकार उन्हें पाँच सौ रुपया प्रतिदिन दे रही थी। अभियुक्तों की ओर से गोविन्द वल्लभ पंत, चन्द्रभानु गुप्त आदि प्रसिद्ध वकील इस केस को लड़ रहे थे। यह मुकदमा अठारह माह चला। इस काण्ड में शचीन्द्रनाथ को कालेपानी की सजा हुई। मन्मथनाथ गुप्त को चौदह वर्ष की सज़ा हुई और पं. रामप्रसाद ''बिस्मिल'', रोशनसिंह, राजेन्द्रनाथ लाहिड़ी और अशफाक उल्ला खाँ को मृत्यु दंड दिया गया।

सारे देश के मन में ज्वालामुखी फूट रहा था। केन्द्रीय असेम्बली के सदस्यों ने सहस्ताक्षर लाट साहब से अपील की थी। दो बार फाँसी की तारीखें भी टलवायी थीं। परन्तु सरकार तो इन लोगों के खून की प्यासी थी। सबसे पहले राजेन्द्रनाथ लाहिड़ी को 17 दिसम्बर, 1927 को फाँसी गोंडा जेल में दी गई। 14 दिसम्बर, 1927 को राजेन्द्रनाथ लाहिड़ी ने पत्र लिखा था। उसने लिखा था —

"कल मैंने सुना कि प्रीवी कांउसिल ने मेरी अपील अस्वीकार कर दी। आप लोगों ने हमारी प्राण रक्षा के लिए बहुत कुछ किया, कुछ उठा नहीं रखा, किन्तु मालूम होता है कि इस देश की बलिवेदी को हमारे रक्त की आवश्यकता है। मृत्यु क्या है? जीवन को दूसरी दिशा के अतिरिक्त और कुछ नहीं। इसलिए मनुष्य मृत्यु से दुःख और भय क्यों माने! वह तो नितान्त स्वाभाविक अवस्था है, उतनी स्वाभाविक जितना प्रातःकालीन सूर्य का उदय होना। यदि यह सच है कि इतिहास पलटा खाया करता है तो मैं समझता हूँ कि हमारी मृत्यु व्यर्थ नहीं जाएगी। सबको मेरा नमस्कार — अन्तिम नमस्कार!

आपका राजेन्द्र"

गोरखपुर जेल में 19 दिसम्बर, 1927 को प्रातः फाँसी दे दी गई। वे स्वस्थ थे। उन्होंने अद्‌भुत साहस का परिचय दिया। चिंता का नाम नहीं। उनका मुखमण्डल प्रसन्नचित्त पर शान्त। फाँसी से कुछ दिन पहले उन्होंने अपने मित्र को एक पत्र लिखा था। उसमें लिखा था —

"19 तारीख को जो कुछ होने वाला है, उसके लिए मैं अच्छी तरह तैयार हूँ। यह है ही क्या? केवल शरीर का बदलना मात्र है। मुझे विश्वास है कि मेरी आत्मा मातृभूमि तथा उसकी दीन सन्तति के लिए नए उत्साह और ओज के साथ काम करने के लिए शीघ्र ही फिर लौट आएगी।"

साथ में यह कविता थी —

यदि देश हित मरना पड़े मुझको सहस्त्रों बार भी।
तो भी न मैं इस कष्ट को निज ध्यान में लाऊँ कभी।
हे ईश भारतवर्ष में शत-शत बार मेरा जन्म हो,
कारण सदा ही मृत्यु का देशोपकारक कर्म हो।
मरते 'बिस्मिल' रोशन लहरी अशफाक अत्याचार से,
होंगे पैदा सैंकड़ों उनके रूधिर की धार से —
उनके प्रबल उद्योग से उद्धार होगा देश का,
तब नाश होगा सर्वदा दुःख शोक के लवलेश का।
सबको मेरा नमस्कार कहिए।

फाँसी के तख्ते पर चढ़ते हुए उन्होंने कहा था—

मालिक तेरी रजा रहे और तू ही तू रहे,
बाकी न मैं रहूँ न मेरी आरजू रहे।
जब तक कि तन में जान रगों में लहू रहे,
तेरा ही जिक्र या, तेरी ही जुस्तजू रहे।

उन्होंने तीन बार वन्दे मातरम् और भारत माता की जय बोली। फाँसी के दरवाज़े पर पहुँच कर उन्होंने कहा था, ''मैं ब्रिटिश साम्राज्य का विनाश चाहता हूँ।''

वे फाँसी के फंदे पर वंदे मातरम् कह कर झूल गए। गोरखपुर में उनके शव को लेकर ऐतिहासिक जुलूस निकला।

अशफाक उल्ला खाँ

19 दिसम्बर को ही फैजाबाद जेल में अशफाक उल्ला खाँ को फाँसी दी गई। उन्होंने मरने से पहले शेर लिखा था —

तंग आकर हम भी उनके जुल्म के बेदाद से।

चल दिए सुए अदम जिन्दाने फैजाबाद से॥

वे फाँसी के तख्तों के पास आए। उसे चूमा। उन्होंने कहा, ''मेरे हाथ इन्सानी खून से कभी नहीं रंगे, मेरे ऊपर जो इल्ज़ाम लगाया गया, वह गलत है, खुदा के यहाँ मेरा इन्साफ होगा।'' वे खुदा का नाम लेकर शहीद हो गए।

रोशन सिंह

रोशन सिंह को आकस्मिक फाँसी की सज़ा सुनाई गई। 19 दिसम्बर इलाहाबाद में उन्हें फाँसी दी गई। वे मुस्कराते हुए 'ॐ' और वन्दे मातरम् कहते हुए फाँसी के फंदे पर झूल गए थे। उन्होंने फाँसी लगने से छह दिन पहले अपने मित्र को एक पत्र लिखा था। वह निम्न प्रकार था —

"इस सप्ताह के भीतर फाँसी होगी। ईश्वर से प्रार्थना है कि वह आपको मोहब्बत का बदला दे। आप मेरे लिए हरगिज रंज न करें। मेरी मौत खुशी का बाइस होगा। दुनिया में पैदा होकर मरना ज़रूर है। दुनिया में बदहाली करके मनुष्य अपने को बदनाम न करे और मरते वक्त ईश्वर की याद रहे। यह दो बातें होनी चाहिएँ और ईश्वर की कृपा से मेरे साथ ये दोनों बातें हैं। इसलिए मेरी मौत किसी प्रकार अफसोस लायक नहीं है। दो साल से मैं बाल बच्चों से अलग हूँ। इस बीच ईश्वर भजन का खूब मौका मिला, इससे मेरा मोह छूट गया और कोई वासना बाकी न रही। मेरा पूरा विश्वास है कि दुनिया की कष्ट भरी यात्रा समाप्त करके मैं अब आराम की जिन्दगी के लिए जा रहा हूँ, हमारे शास्त्रों में लिखा है कि जो आदमी धर्मयुद्ध में प्राण देता है, उसकी वही गति होती है, जो जंगल में रहकर तपस्या करने वाले की।

ज़िन्दगी ज़िंदादिली को जान ऐ रोशन,

वरना कितने मरे और पैदा होते जाते है।

आखिरी नमस्ते।

आपका रोशन "

काकोरी काण्ड के बाद दल छिन्न-भिन्न हो गया था। चन्द्रशेखर आज़ाद ने दल को संभालने की कोशिश की थी। फिर से क्रान्तिकारी दल संगठित हो गया था, इसमें सुखदेव, यशपाल, फणीन्द्रनाथ घोष, भगतसिंह, कुन्दनलाल, विजयकुमार सिंह, ब्रह्मदत्त, सुरेन्द्रनाथ पाण्डेय आदि सम्मिलित हो गए थे। इन लोगों ने काकोरी-कैदियों को छुड़ाने के अनेक कार्यक्रम बनाए थे परन्तु वे सफल नहीं हो सके। ''आज़ाद'' इस दल के अध्यक्ष थे। अब इस दल ने लाहौर, आगरा कलकत्ता आदि जगह बम बनाने के कारखाने शुरू कर दिए थे।

साइमन कमीशन का बहिष्कार

सन् 1928 में इंग्लैंड से सर जान साइमन की अध्यक्षता में एक कमीशन आया था —साइमन कमीशन। यह भारत के भाग्य का निपटारा करने आया था।

काँग्रेस सहित सारा भारत ''साइमन लौट जाओ'' के नारे लगा रहा था।

20 अक्टूबर, 1928 को साइमन लाहौर में आया तो लाला लाजपतराय की अध्यक्षता में उसका विरोध शुरू हुआ। बहुत लम्बा जुलूस निकल रहा था कि पुलिस ने उस पर लाठी चार्ज शुरू कर दिया। लाठियों की चपेट में लाला लाजपतराय भी आ गए। लाला लाजपतराय बुरी तरह से घायल हो गए। अन्त में वह मृत्यु को प्राप्त हुए। उनके हृदय पर गहरी चोट पहुँची थी। लाला जी ने कहा था — "मेरे ऊपर किया लाठी का प्रत्येक प्रहार ब्रिटिश साम्राज्य के कफन की कील सिद्ध होगा।"

सैण्डर्स की हत्या

इस समय क्रान्तिकारी समिति के कई सदस्य वहीं थे। उन्होंने लाला लाजपतराय की मृत्यु का बदला लेने की प्रतिज्ञा की थी। उनकी हत्या के लिए ज़िम्मेवार अधिकारी को मार डाला जाए, यह निर्णय लिया था।

15 दिसम्बर को सैण्डर्स मोटर साइकिल से सड़क पर आए ही थे कि शिवराम राजगुरु ने उसे अपनी गोली का निशाना बना दिया। भगतसिंह ने भी उस पर गोली चलायी। वह वहीं ढेर हो गया। हैड कान्स्टेबिल चननसिंह और फार्न उनका पीछा करने लगे। भगतसिंह ने फार्न पर गोली चलायी तो यह जहाँ का तहाँ रुक गया। पर चननसिंह में राजभक्ति जोर मार रही थी। वह नहीं रुका। आज़ाद ने पिस्तौल चला दी और उसके प्राण पखेरू उड़ गए।

अंग्रेज़ सरकार सन्नाटे में आ गई। उसने पंजाब में कुत्ते छोड़ दिए। वे सूँघते दौड़ रहे थे। उधर भगतसिंह अपने केश कटवाकर प्रथम श्रेणी में यात्रा कर रहे थे। राजगुरु उनके अरदली बने थे। आज़ाद तीर्थ-यात्रियों की टोली बना कर लाहौर से निकल गए थे।

क्रान्तिकारी दल जो नाम बदल कर ''हिन्दुस्तान समाजवादी प्रजातांत्रिक सेना'' के नाम से जाना जाता था, जनता को नए नारों से मुग्ध कर रहा था। वे नारे थे —

साम्राज्यवाद का नाश हो। इन्कलाब जिंदाबाद।

दिल्ली असेम्बली में बम विस्फोट

दल की केन्द्रीय समिति ने यह निर्णय लिया था कि दिल्ली असेम्बली में बम विस्फोट कर बहरी और अंधी सरकार को जगाया जाए। भगतसिंह की ज़िद के कारण यह कार्य उसे ही सौंपा गया।

समिति ने योजना बनाई कि भगतसिंह और बटुकेश्वर दत्त असेम्बली में बम फेंकें और ''आज़ाद'' तथा अन्य सदस्य उन्हें बचा लाएँ। भगतसिंह ने कहा, ''वह गिरफ्तार होना चाहेगा।''

''गिरफ्तारी का मतलब है — मौत।''

''नहीं, गिरफ्तार होने का अर्थ है — जन-चेतना। देश में नई स्फूर्ति।'' भगतसिंह ने समझाया।

''नहीं, इस कीमत पर नही।'' आज़ाद ने कहा।

''आज जनता को जगाने की जरूरत है। जब तक यह मुकदमा चलेगा तब तक देश जाग उठेगा।'' भगतसिंह ने तेज स्वर में कहा, ''आज एक भगतसिंह की नहीं, सारे देश ही को भगतसिंह बनाने की जरूरत है।''

8 अप्रैल, सन् 1929 के दिन असेम्बली में जब जोरदार बहस चल रही थी तब दर्शक दीर्घा से एक बम गिरा। जोर का धमाका हुआ। धुँआ फैल गया।

भगतसिंह और बटुकेश्वर दत्त सामने आ गए। वे मिलकर आवाज़ लगा रहे थे — ''साम्राज्यवाद का नाश हो'' — इन्कलाब जिंदाबाद। उन्होंने एक परचा फेंका जिस पर लिखा था — बहरों को सुनाने के लिए धमाके की जरूरत होती है।

आधे घंटे बाद पुलिस उन्हें पकड़ कर ले गई। उन पर मुकदमा चला। 7 अक्टूबर, सन् 1930 को इस मुकदमे का फैसला सुनाया गया। इसके अनुसार भगतसिंह, राजगुरु और सुखदेव को फाँसी की सज़ा सुनाई गई। सारा देश इस फैसले के विरोध में उठ खड़ा हुआ। चारों और भगतसिंह का नाम था। भारत मानो तब भगतसिंह बन गया।

भगतसिंह ने शहीद होने से पहले अपने भाई को एक पत्र लिखा था। वह इस प्रकार था —

अज़ीज़ कुलतार,

आज तुम्हारी आँखों में आँसू देखकर बहुत रंज हुआ। आज तुम्हारी बातों में बहुत दर्द था, तुम्हारे आँसू मुझसे बर्दाश्त नहीं होते। बर्खुदार हिम्मत से शिक्षा प्राप्त करना और सेहत का ख्याल रखना। हौंसला रखना और क्या कहूँ —

उसे फिक्र है हरदम, नया तर्जे जफा क्या है,
हमें यह शौक देखें तो सितम की इन्तहा क्या है।
घर में क्यों ख़फ़ा रहें खर्च का क्यों गिला करें,
सारा जहाँ अदू.सही, आओ मुकाबिला करें।
कोई दम का मेहमाँ हूँ, ऐ अहले महफिल,
चिरागे सहर हूँ, बुझा चाहता हूँ।
मेरी हवा में रहेगी ख्याल की बिजली,
यह मुश्ते ख़ाक हैं, फानी रहे या न रहे।

अच्छा आज्ञा।

''खुश रहो अहले वतन हम तो सफ़र करते हैं।''

हौंसले से रहना। नमस्ते।

तुम्हारा भाई

भगतसिंह

आज़ाद क्रान्ति के अग्रदूत थे। हवा और प्रकाश की तरह वे स्वतंत्र तबीयत के इन्सान थे। वे दल का नेतृत्व कर रहे थे। सभी की उनके प्रति श्रद्धा थी। वे भगतसिंह को छुड़ा नहीं पाए, उसका उन्हें मलाल था।

वाइसराय की गाड़ी उड़ाने की योजना बनी। वाइसराय कोल्हापुर से दिल्ली आ रहे थे। पटरी के नीचे बम गाड़ दिए गए थे। उन बमों का सम्बन्ध उस बिजली की बैटरी से जोड़ा गया था जो एक सौ गज दूरी पर रखी थी। जैसे वाइसराय का डिब्बा बमों के ऊपर आया वैसे ही तार खींच दिया गया। कुछ सैकिंड की गलती हो गई थी, जिसके कारण वाइसराय जिसमें बैठे थे, वह डिब्बा न उड़कर उसके पास का तीसरा डिब्बा उड़ गया।

काँग्रेस नेताओं ने इस काण्ड की भर्त्सना की थी परन्तु जनता ने इसका स्वागत किया था।

इससे क्रान्तिकारियों की पकड़-धकड़ में सरकार सक्रिय हो गई। सरकार क्रान्तिकारियों की गतिविधियों से बहुत परेशान थी। भगवतीचरण की मृत्यु बम ले जाते हुए हुई थी। बम रास्ते में फट गया था। जगदीश को लाहौर के शालीमार बाग में पुलिस ने घेर लिया था। वह बाईस वर्षीय युवक गोली का जवाब गोली से देते हुए मारा गया। इस प्रकार धीरे-धीरे क्रान्तिकारियों को सरकार ठिकाने लगाने में जुट गई थी।

19 भारत पूर्ण स्वराज्य की राह पर

काँग्रेस सोच में पड़ गई थी। जनता का झुकाव क्रान्तिकारियों को ओर हो चला था। काँग्रेस सुस्त नज़र आ रही थी। भगतसिंह, आज़ाद आदि क्रान्तिकारी जनता के आदर्श बन गए थे। काँग्रेस अब क्या करे तो क्या न करे! पर उसे भी कुछ न कुछ करना तो था।

सन् 1929 में काँग्रेस के अधिवेशन के अध्यक्ष के लिए तीन नाम आए थे। उनमें गांधी को दस मत मिले थे, पटेल को पाँच और जवाहर को तीन। गाँधीजी ने अपना नाम वापस ले लिया और सरदार पटेल को भी तैयार कर लिया। लिहाजा इस अधिवेशन के अध्यक्ष पं. नेहरू हुए।

पूर्ण स्वाधीनता

लाहौर में 25 दिसम्बर, 1929 से 31 दिसम्बर, 1929 तक काँग्रेस का अधिवेशन पं. जवाहर लाल नेहरू की अध्यक्षता में सम्पन्न हुआ था।

31 दिसम्बर की रात को 12 बज कर एक मिनट पर पूर्ण स्वाधीनता का लक्ष्य घोषित किया गया। रावी का तट था। शुभ रात थी। सारा पण्डाल हर्षोल्लास से झूम उठा था। एक बारगी ऐसा अनुभव हुआ कि बारह सौ वर्ष की दासता से मुक्ति मिल गई। नेहरू ने कहा था, ''हम भारत की पूर्ण स्वतंत्रता के पक्ष में हैं। काँग्रेस को यह मंजूर नहीं है कि ब्रिटिश पार्लियामेंट का यह अधिकार हो कि वह हमें कोई आदेश दे।''

इस अवसर पर पं. नेहरू का भव्य स्वागत हुआ। अभूतपूर्व जुलूस निकला। जुलूस में गाँधी, पटेल, सुभाष आदि सभी सम्मिलित हुए थे।

तभी 26 जनवरी को पूर्ण स्वाधीनता दिवस मनाना भी निश्चित हुआ।

दाण्डी अभियान

आन्दोलन तेज हो।

परिवर्तन की अनुभूति हो। सुभाषचन्द्र बोस इस समय बाहर थे। काँग्रेस से गाँधीजी नमक आन्दोलन की अनुमति पा चुके थे। सुभाष चाहते थे कि काँग्रेस की नीति, रीति और शैली में परिवर्तन आए। तेजी आए।

गाँधीजी अनुभव कर रहे थे कि भारत की जनता अहिंसात्मक आन्दोलन से अभी पूर्ण परिचित नहीं हो सकी। उनकी दृष्टि में आन्दोलन एक साधना थी। साधना आत्म त्याग चाहती है, हिंसा तो कदापि नहीं।

दाण्डी यात्रा गाँधीजी का एक प्रयोग था — अहिंसा की शक्ति में प्रदर्शन और जनता में नव चेतना लाने का। गाँधीजी ने वाइसराय को पत्र लिखकर अपनी निति स्पष्ट कर दी थी, अब गोपनीय कुछ नहीं रहा था।

12 मार्च, 1930 का दिन। 79 साथियों के साथ साबरती से दाण्डी तक पद यात्रा का प्रारम्भ।

गाँधी नमक कानून तोड़ कर जनता के मन पर से सत्ता के भय को मिटाना चाहते थे। वे जनता को आत्मा की अजर-अमर शक्ति से परिचित कराना चाहते थे।

गाँधीजी अधोवस्त्र पहने हुए थे। उनके कंधे पर उपरिवस्त्र था। उनके पीछे दो-दो कतार में थे 79 सत्याग्रही। आश्रमवासियों ने उन सबकी आरती उतारी।

गाँधीजी सबसे आगे थे और उनके पीछे थे सत्याग्रही। फिर भी अपार जनता जनार्दन। ऐसा भव्य जुलूस इससे पूर्व अहमदाबाद में भी नहीं निकला था। सारा नगर जुलूस में सम्मिलित था। दो मील लम्बा जुलूस था चारों ओर भीड़ ही भीड़ थी। रह रहकर गाँधीजी की जय से आकाश गूँज रहा था। इस अवसर पर गाँधीजी ने कहा था —

> ''यदि स्वराज्य नहीं मिला तो या तो मार्ग में मर जाऊँगा या आश्रम के बाहर रहूँगा। यदि नमक पर लगा कर न उठ सका तो आश्रम लौटने का भी इरादा नहीं है।''

गाँधीजी ने यह आदेश दिया था कि जब तक वे दाण्डी नहीं पहुँच जाएँ तब तक सत्याग्रह प्रारम्भ नहीं किया जाए।

सत्याग्रही प्रभात फेरी के समय भी उद्बोधन गीत गाते थे — "उठ जाग मुसाफिर भोर भई अब रैन कहाँ जो सोवत है।" दाण्डी यात्रा के साथ झंडा गीत भी उठा था। प्रिय गीत।

13 अप्रैल, 1924 में कानपुर के फूलबाग में 'जलियाँवाला बाग दिवस' का आयोजन किया गया था। पहली बार श्यामलाल गुप्त 'पार्षद' ने लिखा झंडा गीत "विजयी विश्व तिरंगा प्यारा। — झंडा ऊँचा रहे हमारा" पं. जवाहरलाल नेहरू तथा उपस्थित व्यक्तियों के साथ गाया गया था। गणेशशंकर "विद्यार्थी " से पार्षदजी को यह गीत लिखने की प्रेरणा मिली थी। 1925 में यह गीत "विद्यार्थी जी" ने "प्रताप" में छापा था। झंडा गीत प्रतियोगिता में यह गीत प्रथम आया था। यह गीत स्वाधीनता के संग्राम का प्राण बना था। हर एक की जुबान पर तब यह गीत था। अंग्रेज़ इससे परेशान थे। हर जुलूस और हर आयोजन पर तब यही राष्ट्र गीत गाया जाता था। दाण्डी यात्रा में भी यह गीत गाया गया था। यह गीत था —

झण्डा गीत

विजयी विश्व तिरंगा प्यारा।
झंडा ऊँचा रहे हमारा।
सदा शक्ति बरसाने वाला,
प्रेम सुधा सरसाने वाला,
वीरों को हरषाने वाला,
मातृभूमि का तन-मन सारा।
झंडा ऊँचा रहे हमारा॥
स्वतंत्रता के भीषण रण में,
लखकर बढ़े जोश क्षण-क्षण में,
कपि शत्रु देखकर मन में,
मिट जाये भय संकट सारा।
झंडा ऊँचा रहे हमारा॥
इस झंडे के नीचे निर्भय,
ले स्वराज्य यह अविचल निश्चय,
बोलें भारत माता की जय,
स्वतंत्रता हो ध्येय हमारा।
झंडा ऊँचा रहे हमारा॥
आओ! प्यारे वीरों, आओ!
देश-धर्म पर बलि-बलि जाओ,
एक साथ सब मिलकर गाओ,
प्यारा भारत देश हमारा।
झंडा ऊँचा रहे हमारा॥
इसकी शान न जाने पाये,
चाहे ज़ान भले ही जाये,
विश्व विजय करके दिखलायें,
तब होंगे प्रण पूर्ण हमारा।
झंडा ऊँचा रहे हमारा॥
विजयी विश्व तिरंगा प्यारा।
झंडा ऊँचा रहे हमारा॥

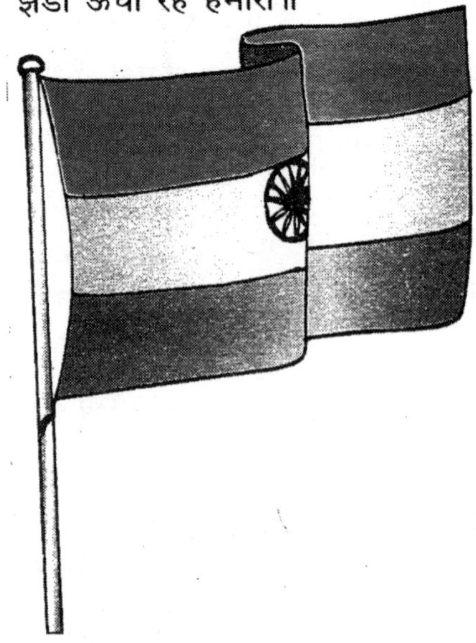

गाँधीजी के नेतृत्व में यह दल दाण्डी की ओर बढ़ता जा रहा था। 24 दिन में यह यात्रा पूरी करनी थी। सरदार पटेल आगे-आगे गाँधीजी के आने की सूचना देते जा रहे थे। परन्तु उन्हें सरकार ने बीच में ही गिरफ्तार कर लिया। फिर भी उनके आगमन की सूचना बराबर गाँववालों को मिलती रही। गाँधीजी की हार्दिक इच्छा थी कि 5 अप्रैल को दाण्डी पहुँचा जाए और 6 अप्रैल को जलियाँवाला बाग हत्याकाण्ड दिवस पर नमक कानून तोडें।

गाँव-गाँव उमड़े पड़ रहे थे। 200 पटेल अपने पदों से त्याग पत्र देकर उनके साथ हो लिए थे।

सारा विश्व इस अद्भुत तथा अभूतपूर्व प्रयोग को साँस रोके देख रहा था। दिन पर दिन जनता में जोश समुद्र में आए ज्वार-भाटे सा बढ़ता जा रहा था।

गाँधी नियत समय पर समुद्र तट पहुँच गए और वहाँ से मुट्ठी में नमक उठा लिया। गाँधी बाबा की जय से सारा आकाश गूँजने लगा। सरकार तमाशा बनी रही। गाँधीजी ने कहा—

> ''नमक कानून को अब विधिवत् भंग कर दिया गया है। अब हर कोई नमक कानून के अन्तर्गत सज़ा भुगतने का खतरा मोल लेकर जहाँ चाहे और जब सुविधा देखे, नमक बना सकता है। मेरी सलाह है कि कार्यकर्ता सर्वत्र नमक बनाएँ।''

नमक बनाने का मेला लग गया। कानून तोड़ने के लिए निडरता और साहस दोनों का एक साथ उदय हुआ।

4 मई को गाँधीजी कराडी शिविर में सोए हुए थे। सूरत के गोरे अंग्रेज़ ज़िला मजिस्ट्रेट ने तीस बन्दूकधारियों के साथ अर्द्धरात्रि को वह शिविर घेर लिया। उसने हुकमनामा पढ़कर सुनाया, ''चूँकि गवर्नर जनरल इन कौंसिल मोहनदास करमचंद गाँधी की कार्यवाहियों को खतरनाक मानता है अत: यह आदेश देता है कि उक्त मोहनदास करमचंद गाँधी को 1827 के रेगुलेशन 35 के तहत प्रतिबंध पर रखा जाए और जब तक सरकार चाहे तब तक वह कैद में रहें।''

गाँधीजी जत्थे की बागडोर श्रीमती सरोजिनी नायडू को सौंप कर यरवदा जेल में नजरबंद हो गए।

ब्रिटिश सरकार ने गाँधीजी को गिरफ्तार करके आग में घी का काम किया। सारा देश जाग उठा। बम्बई में मज़दूरों का प्रदर्शन हुआ और छह दिन तक व्यापारियों ने बाज़ार बंद रखा। गुजरात में मालगुजारी नहीं दी गई। सारे देश के बाज़ार बंद रहे। ''देश को स्वतंत्र कराएँगे, अब शान्त नहीं बैठेंगे'' — जनता का यह निर्णय ब्रिटिश सरकार का नृशंस अत्याचार भी नहीं कुचल सका।

आखिर में सरकार झुकी। दोनों के बीच समझौता हुआ। सत्याग्रहियों को छोड़ दिया गया। जब्त सम्पत्ति लौटा दी गई और राज्य कर्मचारियों को नौकरी पर वापस ले लिया।

आज़ाद का अन्तिम दिन

दस वर्ष तक ''आज़ाद'' की ऐसी धूम रही थी कि ब्रिटिश सरकार चैन की साँस नहीं ले सकी।

27 फरवरी, सन् 1931 को दिन के दस बज रहे थे। वह इलाहाबाद में थे। उनकी दृष्टि वीरभद्र तिवारी पर पड़ी। उनका माथा ठनका। वीरभद्र तिवारी काकोरी काण्ड में गिरफ्तार किया गया था पर उसे छोड़ दिया गया। क्यों ?

''आज़ाद'' अपने मित्र सुखदेव राज के साथ इलाहाबाद के अल्फ्रेड पार्क में बैठ गए। पुलिस अधिकारी बिशेसर सिंह की दृष्टि ''आज़ाद'' पर पड़ गई। उसने पुलिस अधीक्षक नाट बावर को खबर कर दी। नाट बावर जीप लेकर वहाँ तुरंत आ पहुँचा।

स्व॰ इन्दिरा गाँधी इस दृश्य की चशमदीद गवाह थीं। उन्होंने इस घटना का उल्लेख इस प्रकार किया है—

> ''मेरे विचार से मैंने अन्तिम गोलियाँ चलने की घटना नहीं देखी, मैंने बंदूक से निकलती लपटें देखीं तथा गोलियों की आवाज़ सुनी।.... मैंने अपने मकान से यह सब देखा और मैं सुन्न हो गई। जैसे मुझे किसी ने बहुत ठण्डे या बहुत गरम पानी में फेंक दिया हो।''

नाट बावर ने दस गज के फासले पर गाड़ी रोक कर आज़ाद से कहा, ''आज़ाद तुम चारों ओर से घिर चुके हो। समर्पण कर दो।''

आज़ाद ने आँख के इशारे से सुखदेव राज को निकल जाने का संदेश दिया। सुखदेव राज पेड़ की आड़ में था। वह हिचकिचाया। पर आज़ाद की सख्त आँख का वह सामना नहीं कर सका। वह पीछे से निकल लिया। इस समय पुलिस का पूरा ध्यान आज़ाद पर था।

आज़ाद समझ गए थे कि आज उनका अन्तिम दिन है। वह मुस्कराये और बोले, ''मिस्टर बावर, आज़ाद समर्पण के लिए नहीं, आज़ादी के लिए पैदा हुआ है।''

नाट बावर ने तब तक गोली चला दी थी। वह गोली आज़ाद की जाँघ पर लगी। आज़ाद ने भी गोली का जवाब गोली से दिया। उनकी गोली बावर की कलाई को बेंध गई। उससे पिस्तौल छूटकर दूर जा गिरी और वह जान बचाकर पेड़ की आड़ में हो गया।

आज़ाद भी एक पेड़ की आड़ में हो गए। बिशेसर सिंह आज़ाद का निशाना साध कर बराबर गोली चलाते जा रहे थे।

आज़ाद के पास काफी कारतूस थे। वे डटकर उनका प्रयोग कर रहे थे। अल्फ्रेड पार्क गोलियों की भयंकर आवाज़ से काँप उठा था। उन्होंने बिशेसर सिंह के जबड़े पर ऐसी गोली मारी कि जिससे वह जन्म भर के लिए बेकार हो गया।

आखिर आज़ाद कब तक लड़ते। उसकी देह छलनी हो गई थी। वह एक ओर पसर गया था। पर पुलिस की हिम्मत नहीं हुई कि वह आगे बढ़े। स्वयं नाट बावर भयभीत खड़ा था। सब उसके पास जाते डर रहे थे कि कहीं वह जिंदा न हो और एकदम गोली चलाना शुरू न कर दे। जबकि उसकी पिस्तौल उससे दूर पड़ी थी। उन्होंने पाँव में एक गोली मारकर निश्चय किया कि वह मर चुका है या नहीं।

सरकार ने आज़ाद की लाश जनता को नहीं दी तो लोगों ने उस पेड़ की पूजा शुरू कर दी। अब तो सरकार बौखला उठी और उसने उस पेड़ को ही कटवा डाला।

20 नेताजी ने कहा — दिल्ली चलो!

दूसरा विश्वयुद्ध छिड़ गया था। फिर ब्रिटिश सरकार भारत को इस महायुद्ध में उतारने पर आमादा थी। जोर जबर्दस्ती वह भारतीयों को सेना में भरती कर रही थी। जनता विद्राही हो उठी थी।

सुभाषचन्द्र बोस गिरफ्तार

6 अप्रैल सन् 1940 को सविनय अवज्ञा आन्दोलन प्रारम्भ हुआ था। इसमें फारवर्ड ब्लॉक के नेता गिरफ्तार कर लिये गए थे। सुभाषचन्द्र बोस को बिना मुकदमा चलाये कारागार में डाल दिया गया था। सुभाषचन्द्र बोस ने सोचा कि यदि इस समय भारत ब्रिटेन के विरुद्ध कार्य करेगा और ब्रिटेन से लड़ने वाली शक्तियों का साथ देगा तो वह स्वतंत्र हो सकता है। अब क्या था कि वे कारागार से बाहर निकलने का मार्ग तलाशने लगे।

सरकार के रवैये के विरुद्ध उन्होंने अनशन शुरू कर दिया। सरकार ने उन्हें छोड़ दिया परन्तु उन पर कड़ी निगरानी रखी। अब वह घर में नज़रबंद थे।

सुभाष फरार

17 जनवरी, 1941 को सुभाष सरकार को चकमा देकर खिलजी पठान के वेश में काबुल–रूस होते हुए बर्लिन पहुँच गए।

वे वहाँ हिटलर से मिले। परन्तु हिटलर ने उन्हें स्वतंत्रता का आश्वासन नहीं दिया और वे वहाँ से निराश होकर जापान आ गए। जापान पूर्वी एशिया को रौंद रहा था। जापान ने मलाया में ब्रिटिश सेना को पराजित कर दिया था। ब्रिटिश सेना की हार से एक रास्ता नज़र आया। सेना में तो भारतीय ही थे। कैप्टन मोहन सिंह को जो ब्रिटिश सेना में थे, युद्ध के बंदी सौंप दिए।

आजाद हिंद फौज

युद्ध बंदियों से बनी आज़ाद हिंद फौज। 16,000 सैनिकों से एक डिवीजन बनी। वे 40,000 युद्ध बंदियों को फौज में भर्ती करना चाहता था, जिसकी इजाजत जापान सरकार ने उसे नहीं दी। अन्त में उसको नज़रबंद कर दिया गया। आज़ाद हिंद फौज का भविष्य अधर में झूलता रह गया। इस समय सुभाष को इसका नेतृत्व करने के लिए आमंत्रित किया। सुभाष कील बन्दरगाह से पनडुब्बी और वायुयान के द्वारा

टोकियो पहुँचे और वहाँ प्रधानमंत्री टोजो से मिले। टोजो ने डाईट (संसद) में घोषणा की कि वह भारत की पूरी मदद करेगा ताकि वह आज़ादी प्राप्त कर सके।

जापान से सुभाष सिंगापुर आ गए। वहाँ उन्होंने स्वतंत्र भारत की अस्थायी सरकार बनायी और आज़ाद हिंद फौज की सलामी ली। उन्होंने कहा, ''यह आज़ादी की ओर हमारा अन्तिम प्रयास है। इसमें आप लोगों को भूख, कष्ट, लम्बे-लम्बे प्रयाण और मृत्यु तक सहनी पड़ेगी। यदि आप इस परीक्षा में सफल हो गए तो आपको स्वतंत्रता अवश्य मिलेगी।''

सुभाष इस अस्थायी सरकार के राष्ट्रपति, प्रधानमंत्री और सेनानायक बन गए। वित्त मंत्री एस. सी. चटर्जी, प्रचार मंत्री एस. ए. अय्यर व संगठन मंत्री लक्ष्मी स्वामीनाथन बनीं।

सबसे पहले सुभाष ने प्रतिज्ञा ली —

"ईश्वर के नाम पर मैं पवित्र प्रतिज्ञा करता हूँ कि मैं भारत, अपने देश के 38 करोड़ लेगों को स्वतंत्र करूँगा। मैं, सुभाषचन्द्र बोस, अपने जीवन के अन्तिम क्षण तक स्वतंत्रता के पवित्र युद्ध को जारी रखूँगा।"

इस सरकार को जापान, इटली, जर्मनी आदि छह राष्ट्रों ने मान्यता दे दी।

युद्ध शुरू। भारत में आशा की नयी लहर का जन्म हुआ। ब्रिटिश सरकार बेचैन हो उठी।

दिल्ली चलो!

सुभाष ने रंगून में अराकान की ओर चलने से पूर्व कहा, ''साथियों, मेरे सैनिकों, आपके युद्ध का नारा होगा — दिल्ली चलो! दिल्ली चलो!!''

ब्रिटिश टुकड़ियों को हराती हुई आज़ाद हिंद फौज ने माडडोक में भारत भूमि पर प्रवेश किया। काहिया छीन कर तिरंगा फहरा दिया। आज़ाद हिंद फौज के पास केवल मशीनगनें और बंदूकें थीं। न उसके पास वायुयान थे, न तोपखाना और न चिकित्सा सुविधाएँ। फिर भी सुभाष चन्द्र बोस अपने सैनिकों का मनोबल बनाए रखने के लिए कह रहे थे —

''भारत के सैनिकों, वहाँ सुदूर में, नदियों के उस पार, पहाड़ियों में उस पार हमारी मातृभूमि है, जिसमें हम पैदा हुए हैं और जिसकी गोद में हम अब लौट चलेंगे।

सुनो, मातृभूमि तुम्हें पुकार रही है। राजधानी दिल्ली तुम्हें पुकार रही है। हमारे 38 करोड़ देशवासी तुम्हें पुकार रहे हैं। खून, खून को पुकार रहा है।

उठो, अब हमारे पास गँवाने के लिए समय नहीं है। अपने हथियार संभाल लो। दिल्ली का रास्ता आज़ादी का रास्ता है। दिल्ली चलो!''

सेना आगे बढ़ी। भारत की धरती पर भी उसने प्रवेश किया। परन्तु जापान के पाँव उखड़ने लगे। सुभाष सिंगापुर से टोकियो जा रहे थे। जब वायुयान ताइहोक् हवाई अड्डे से अपराह्न 2 बजे रवाना हुआ तब उसके इंजन का एक पंखा टूट गया। पलक झपकते ही वायुयान धरती पर आ गिरा और पेट्रोल की टंकी में आग लग गई।

सुभाष वायुयान से बाहर निकले तो वह बेतरह से झुलस चुके थे और उनके कपड़ों में आग लग चुकी थी। उन्हें अस्पताल ले जाया गया परन्तु वे बच नहीं सके। रात्रि के 9 बजे उनका देहान्त हो गया। उनका स्वप्न अधूरा रह गया परन्तु ब्रिटिश सरकार की नींद हराम हो गई। वे सोचने लगी कि अब भारत को पराधीन बनाये रखना कठिन है।

21 भारत आज़ाद हुआ

विश्वयुद्ध में ब्रिटेन की हालत कमज़ोर पड़ती जा रही थी। काँग्रेस में भी आन्तरिक संघर्ष छिड़ा हुआ था। लेकिन काँग्रेस यह चाहती थी कि ब्रिटेन भारत को स्वतंत्र करने का आश्वासन दे तो उसकी मदद की जा सकती है। पहले विश्वयुद्ध में भारत ने ब्रिटेन का साथ दिया था तो क्या मिला! कैसे ब्रिटेन अपने आश्वासन से मुकर गया था। ब्रिटेन भारत को औपनिवेशिक स्वराज्य प्रदान करने के लिए तैयार था। परन्तु काँग्रेस अब पूर्ण स्वराज्य की आकांक्षा रखती थी। गाँधी जी ने अपील की थी कि इस संकट के समय भारत को ब्रिटेन की सहायता करनी चाहिए क्योंकि ब्रिटेन-फ्राँस का पतन हो गया तो भारत का उद्धार कैसे होगा?

पूर्ण स्वतंत्रता

19-20 मार्च, 1940 में बिहार के रामगढ़ में काँग्रेस का अधिवेशन हुआ जिनमें अध्यक्ष पद से मौलाना अबुल कलाम आज़ाद ने कहा था कि देश संकट की स्थिति से गुज़र रहा है। सब भेदभाव भुलाकर हमें एक हो जाना चाहिए।.... अब से पूर्ण स्वतंत्रता काँग्रेस का लक्ष्य है।

चारों ओ परचे बाँटे जा रहे थे —

न एक पाई — अर्थात् युद्ध के लिए एक पाई नहीं देंगे।

न एक भाई — अर्थात् फौज में भरती होने के लिए एक भाई भी नहीं देंगे।

न कोई माल — न फौज के लिए सामान देंगे।

गाँधीजी ने पवनार में युद्ध विरोधी भाषण दिया तो उन्हें तथा काँग्रेस अध्यक्ष आज़ाद को कारागार में डाल दिया गया। गाँधीजी को अनुभव हो गया था कि कारगार जाने के कार्यक्रम में जनता की रुचि नहीं रही है। उन्होंने कहा था —

"इस बार मैं माँग कर जेल नहीं जाने वाला हूँ। इस संग्राम में माँग कर जेल जाना नहीं है। माँग कर जेल जाना तो बहुत ही नरम चीज़ होगी। अवश्य अब तक हमने माँग कर जेल जाने का व्यापार कर लिया था। अबकी बार मेरा इरादा यह है कि आन्दोलन को जहाँ तक हो सके शीघ्र ही तेज़ किया जाए।"

भारत छोड़ो आन्दोलन

23 मार्च, 1942 को सर स्टैफर्ड क्रिप्स भारत आ पहुँचे। वे न्यायप्रिय, स्वतंत्र तथा उदार मनोवृत्ति के

विद्वान थे। ब्रिटेन ने भारत की सहानुभूति पाने के लिए कारागार में पड़े नेताओं को छोड़ना शुरू कर दिया था। अमेरिका की सहानुभूति भारत की ओर हो चली थी।

क्रिप्स भारतीय नेताओं को अपने वाक् जाल में फँसाने में कामयाब नहीं हुए क्योंकि सब पूर्ण स्वाधीनता के पक्ष में थे। यह भी स्पष्ट नज़र आने लगा था कि ब्रिटेन भारत की रक्षा में समर्थ नहीं है। जापान बर्मा, मलाया व सिंगापुर को अपने अधिकार में ले चुका था। जापान भारत से नहीं ब्रिटेन से युद्ध कर रहा है।

गाँधीजी को कदाचित् इसी अवसर की तलाश थी। वे जनता की उफनती भावना का नेतृत्व करने के लिए तैयार थे। सुभाषचन्द्र बोस का आकर्षण जनता में बढ़ता जा रहा था। गाँधीजी ने अंग्रेज़ों को सलाह दी थी कि वे भारत छोड़ कर चले जाएँ। यदि उन्होंने ऐसा नहीं किया तो उन्हें सम्पूर्ण भारत का सामना करना पड़ेगा।

करो या मरो

स्थिति बहुत तेज़ी से बदलती जा रही थी। 9 अगस्त, 1942 की रात्रि के दस बजे बम्बई के ग्वालिया टैंक मैदान में सभा को सम्बोधित करते हुए गाँधीजी ने कहा था, ''स्वतंत्रता प्राप्त करो या मर जाओ — करो या मरो।''

यह अमर संदेश 9 अगस्त, 42 को प्रात: सारे भारत में नवोदित सूर्य की किरणों की तरह प्रकाशित हो गया था। 9 अगस्त की सुबह पाँच बजते-बजते गाँधी, जवाहर, आज़ाद, राजेन्द्रप्रसाद, मीरा बहन, सरोजिनी नायडू आदि को गिरफ्तार कर कारागार में डाल दिया गया था। 10 अगस्त को सरकार का दमन क्रुरतम हो उठा था। पटेल ने दावा किया था कि एक सप्ताह में देश आज़ाद हो जाएगा। परिणामत: जनता खुले विद्रोह पर उतर आई थी। जनता ने क्रोधावेश में रेलवे स्टेशन नष्ट किए, पोस्ट आफिस पर आक्रमण किए, टेलिग्राम और टेलिफोन के तार काटे, पुलिस स्टेशन जलाये, सरकारी भवनों को क्षति पहुँचाई। मज़दूरों ने हड़ताल शुरू कर दी। गुजरात के मिल तीन माह तक बंद रहे। बलिया ज़िला जनसमूह ने अपने हाथ में ले लिया। बाद में, फौज़ ने स्थिति संभाली। फौज ने हज़ारों घर फूँक डाले। सैंकड़ों आदमियों को मारा।

हाजीपुर में भीड़ ने कारागार पर हमला कर 1,000 कैदियों को मुक्त करा लिया। मधुबनी जेल के सुपरिटेंडेंट को कैद कर लिया। सत्याग्रहियों को छोड़ कर शेष कैदी भाग निकले।

डॉ. लोहिया को सरकार ने एक नयी प्रकार की कठोर यातना दी। उन्हें दिनरात जगाये रखा। जयप्रकाश नारायण ने कारागार में भूख हड़ताल शुरू कर दी। यह भूख हड़ताल 31 दिन चली।

इस आन्दोलन में करीब पन्द्रह हजार व्यक्ति मारे गए और डेढ़ लाख घायल हुए। अपार सम्पत्ति नष्ट हुई।

उधर सुभाषचन्द्र बोस की आज़ाद हिंद फौज 'दिल्ली चलो' अभियान के तहत आगे बढ़ती जा रही थी। उससे भी जनता में नया जोश उमड़ रहा था। चारों ओर से दो ही आवाज़ सुनाई दे रही थीं — भारत छोड़ो और दिल्ली चलो।

इसी समय क्या हुआ कि अमेरिका ने जापान के दो नगरों पर एटम बम गिरवा दिया। जर्मनी, इटली आदि हार गए। जापान भी हार गया। परन्तु मित्र राष्ट्र को यह जीत बहुत महँगी पड़ी। अब वे भारत को अपनी मुट्ठी में नहीं रख सकते थे। उनकी स्वयं की हालत जर्जर हो चुकी थी।

आज़ादी की ओर

चर्चिल की पार्टी 1945 का चुनाव हार गई थी। इसमें मजदूर दल की विजय हुई थी। ब्रिटेन के प्रधानमंत्री एटली ने घोषणा की थी कि कैबिनेट के तीन सदस्य भारत के राजनीतिक प्रभाव का अध्ययन कर बताएँ कि भारत को आज़ादी दी जाए तो उसका स्वरूप क्या हो? एटली भारत को एशिया का मार्ग-दर्शक मान कर चल रहे थे। इस प्रकार आज़ादी नज़दीक आती अनुभव होने लगी थी।

आज़ादी का प्रथम दिन

डेढ़ सौ बरस की गुलामी के बाद यह देश स्वतंत्र हुआ। इन सड़कों पर स्त्री, पुरुष और बच्चों के सिर और धड़ अलग-अलग गिरे। सड़कें लहूलूहान हुईं। हिन्दू-मुसलमान एक दूसरे की जान लेने पर आमादा हुए थे। एक ओर से उठता था नारा हर हर महादेव तो दूसरी ओर से जवाब मिलता था। — अल्लाहो-अकबर। नंगी तलवारें लिए एक दूसरे की जान लेने को पागलों की तरह झुंड बना कर निकलते थे वे लोग। वे न हिन्दू थे, न मुसलमान। वे थे काफिर, जाहिल और हैवान।

कैसा हिन्दुस्तान! कैसा पाकिस्तान!! जो जहाँ जन्मा, जहाँ का बाशिंदा है, वह वहीं रहेगा। फिर वह चाहे हिन्दुस्तान हो या पाकिस्तान। राज करने वाले जाने-माने हिन्दुस्तान-पाकिस्तान, रिआया तो जन्मभूमि को मातृभूमि मानती है।

काँग्रेस के अध्यक्ष तब कृपलानी थे। उन्होंने अपने 15 जून, 1947 के भाषण में जो कहानी सुनायी, वह यों है —

> "मैंने एक कुआँ देखा है जिसमें 107 स्त्री-बच्चों ने अपनी इज्जत बचाने के लिए छलाँग लगाकर जान दे दी। एक दूसरी जगह एक धर्म स्थान में पुरुषों ने पचास स्त्रियों का वध कर डाला। मैंने एक घर में हड्डियों का ढेर देखा है — जिसमें आक्रमणकारियों ने 307 व्यक्तियों को बंद कर ज़िंदा जला डाला है। इन भयानक दृश्यों को देखकर इस समस्या के समाधान में मेरे विचारों पर बहुत प्रभाव पड़ा है और अन्य अनेक व्यक्तियों के समान मैं यह सोचने लगा हूँ कि विभाजन ही इस समस्या का एकमात्र विकल्प है।"

इस तरह के अग्नि-हत्या काण्ड में रिआया-प्रजा मरी, बेघर-बार हुई और दर-दर की ठोकर खाती सर पटकती लाचार बनी। उसके लिए पाकिस्तान-हिन्दुस्तान का क्या मतलब था? विभाजन की ज़िद को लेकर ऐसे पाशुविक व भयानक दृश्य क्यों? जिन्हें राज की भूख थी, वे खुद लड़ते-मरते राज लेते। कोई पूछे उनसे कि उन्होंने जनता को क्यों मारा? जनता तो निर्दोष थी। उसे न पाकिस्तान से मतलब था और न हिन्दुस्तान से। उसे मतलब था अपनी स्वाधीनता का। वह तिलक के शब्दों को दोहराती हुई कहती है कि स्वाधीनता मेरा जन्मसिद्ध अधिकार है। वह उसे मिलना चाहिए। पाकिस्तान बने या हिन्दुस्तान उसे अपना जन्मसिद्ध अधिकार चाहिए।

15 जून, 1947 को अखिल भारतीय काँग्रेस समिति की निर्णायक बैठक में जिन लोगों ने भाग लिया, उनमें से अधिकाँश विभाजन के पक्ष में थे। सरदार वल्लभभाई पटेल ने कहा था कि यदि एक अँगूठा विषयुक्त हो जाए तो उसे अलग कर देना चाहिए, नहीं तो सारे शरीर को बहुत अधिक नुकसान उठाना

पड़ेगा। पं. नेहरू का भी यही मत था। सब आज़ादी चाहते थे। फिर वह आज़ादी विभाजित ही क्यों न हो?

क्या गाँधीजी भी यही चाहते थे?

नहीं! वह कतई नहीं चाहते थे। उन्होंने तो घोषणा की थी यदि विभाजन हुआ तो मेरी लाश पर होगा। पर विभाजन तो गाँधीजी के जीते-जी हुआ। हिन्दुस्तान और पाकिस्तान उनके जीते जी बने। वे मूक दर्शक बने देखते रह गए।

डॉ. राममनोहर लोहिया तब बहुत छटपटाये थे। "काँग्रेस नेता तब जीवन के ढलान पर थे। स्वाधीनता सामने नज़र आ रही थी। डरते थे कि जो मिल रहा है, यह कहीं हाथ से न निकल जाए।....." डॉ. लोहिया ने बाद में कहा था —

"उपद्रव ग्रस्त स्थिति में काम करने वाले जर्जर एक नेतृत्व ने विभाजन को जन्म दिया। न तब किसी ने अपने प्राणों का उत्सर्ग किया और न ही कोई कारागार में गया।.... मुझे इस बात पर गहरा खेद है कि भारत के विभाजन पर कारागार जाने के लिए मैंने रंचमात्र चेष्टा नहीं की। हिन्दू-मुस्लिम बलवे की भयावह, पर झूठी आशँका ने मुझे इतना अंधा कर दिया कि मैं अपने देश के वर्तमान इतिहास की अति निर्णायक घड़ी में अपनी आस्था का साक्षी भी नहीं बन सका।"

पं. नेहरू के सामने भी तब कोई रास्ता नहीं था। दूसरे, वे थक चुके थे। तीसरे, रोज़-रोज़ साम्प्रदायिक दंगों में स्वाहा होता निरपराध जन और सम्पत्ति की दिन रात जलती होली ने उन्हें डरा दिया था। विभाजन से मारकाट बंद होती है और शान्तिपूर्वक आज़ादी से रह पाने की व्यवस्था बनती है तो वह ठीक है।

14 अगस्त, 47 को पाकिस्तान बना और 15 अगस्त, 47 की अर्द्धरात्रि को भारत स्वाधीन हुआ।

15 अगस्त, 1947 का उत्सव

दरबार हाल। 15 अगस्त, 47। 8.30 बजने को थे। बिगुल बज उठा।

माउण्टबैटन ने लाल और सुनहरी पोशाक पहने प्रवेश किया। उनके साथ थीं श्रीमती माउण्ट बैटन जिसकी सुनहरी पोशाक पर रूपहरी काम दमक रहा था। ऊपर मखमल का शामियाना था, नीचे थी सुनहरी कुर्सियाँ, जिन पर विद्युत चमक सीधी पड़ रही थी। स्वाधीनता का उत्सव शुरू हुआ।

माउण्ट बैटन ने नए गवर्नन जनरल की शपथ ली। उन्होंने कहा, ".... आप अपने में से ही एक व्यक्ति मानें जो भारत के हितों की उन्नति में पूर्णरूप से रहता है।"

करतल ध्वनि से उनके भाषण का स्वागत हुआ।

डॉ. राजेन्द्रप्रसाद ने उनके अभिभाषण का उत्तर पहले हिन्दी और फिर अंग्रेज़ी में दिया, "भारत पर अंग्रेज़ों की हुकूमत आज समाप्त होती है। अब ब्रिटेन के साथ हमारा संबंध परस्पर बराबरी, सद्भावना तथा लाभ का होगा।"

इसके बाद काउन्सिल हाउस पर राष्ट्रीय ध्वज़ अर्थात् केसरिया, श्वेत और हरा ध्वज लहरा उठा और 31 तोपों की सलामी दी गई।

प्रिंसेज पार्क में ध्वज को सलामी

वहाँ से वे सब प्रिंसेज पार्क आए। युद्ध स्मारक के निकट ध्वज सलामी का कार्यक्रम शुरू हुआ। तीन लाख लोग चारों ओर भीड़ ही भीड़। केन्द्रीय मंच पर अनगिनत लोग। सबके चेहरे खिले हुए, उत्साह और उल्लास से भरे हुए। लग रहा था कि समुद्र-सा यह अपार जनसमूह शीघ्र ही छोटे से टापू को आत्मलीन कर लेगा। वहाँ सब थे पर गाँधीजी नहीं थे।

अपार हर्ष था। जबर्दस्त कोलाहल था। देश आज़ाद हुआ था। सबमें अद्भुत उन्माद था। वहाँ ध्वज फहराते-फहराते बूँदाबाँदी शुरू हो गई थी।

वह दिन अविस्मरणीय दिन था।

प्रथम प्रधानमंत्री पं. जवाहर लाल नेहरू ने तब कहा था—

> "अर्द्ध रात्रि के समय जब संसार सोया हुआ रहता है, भारत जगकर स्वातंत्र्य जीवन का प्रारम्भ करेगा।.... भविष्य आसान नहीं है और न यह आराम के लिए है। यह निरन्तर परिश्रम करने के लिए है तभी हम उन वायदों को पूरा कर सकेंगे जो हमने अब तक किये हैं और जो हम आज करने वाले हैं।.... हम भारत के प्रतिनिधि हैं और भारत की जनता से अपील करते हैं कि वह श्रद्धा और विश्वास के साथ इस महान् कार्य के लिए हमारा साथ दें।"

महायोगी श्री अरविन्द के मन में बेचैनी थी। उन्होंने इसी दिन अपने जन्मदिवस पर जन-मत को संदेश दिया था। उन्होंने कहा था.....

> "भारत आज स्वतंत्र हो गया है, परन्तु उसने एकता प्राप्त नहीं की है। हिन्दू और मुसलमान के मन नहीं मिल सके। उन्होंने आशा व्यक्त की थी; यह आशा की जानी चाहिए कि वह निर्धारित बात सदा के लिए पत्थर की बात नहीं बनेगी। इसे अस्थायी आवश्यकता ही समझा जाएग, क्योंकि विभाजन बना रहता है तो भारत गंभीर रूप से अशक्त हो सकता है, विकलांग भी हो सकता है। सदा ही गृह कलह की सम्भावना हो सकती है।"

उन्होंने अंत में कहा था,

"जिस प्रकार भी हो, जैसे भी हो विभाजन समाप्त होना चाहिए।"

इस प्रकार देश आज़ाद हो गया। देश के दो टुकड़े हो गए। गाँधीजी को यह गम सताता रहा कि देश आज़ाद तो हुआ पर बँट गया। लाखों लोग बेघर हुए हैं, मारे भी गए। ट्रेन की ट्रेन लाशों से भरी इधर से उधर गईं। आज़ादी हमने महात्मा गाँधी की अहिंसा के बल पर पाई थी। लेकिन आज़ादी के बाद हमने आज़ादी का उत्सव खून की होली खेल कर मनाया। गोकि तब हम पागल हो गए थे। एक दूसरे की गरदन काट रहे थे, घर जला रहे थे, सम्पत्ति लूट रहे थे। कितने अफसोस की बात है कि आज़ादी अहिंसा से पाई और उसकी खुशी की अभिव्यक्ति हिंसा से की।

अभ्यास के लिए प्रश्न

1. यूरोपवासियों का भारत आगमन

1. अंग्रेज़ों के भारत पहुँचने पर उनकी स्थिति क्या थी?
2. पुर्तगाली भारत कब आए? वास्कोडिगामा का भारत आगमन देश के लिए लाभप्रद था या हानिप्रद?
3. डचों की स्थिति महत्वपूर्ण क्यों नहीं बन सकी?
4. फ्रांसीसी भारत में क्यों असफल रहे?
5. ईस्ट इंडिया कम्पनी का भारत आने का मुख्य उद्देश्य क्या था?

2. विदेशी कम्पनियों में तनातनी

1. भारत में प्रथम युद्ध कब और किसके बीच हुआ? इसका परिणाम क्या रहा?
2. द्वितीय युद्ध का परिणाम क्या रहा?
3. तृतीय युद्ध का कारण क्या था?
4. अंग्रेज़ों तथा फ्रांसीसियों के बीच हुई संधि क्या थी?
5. दक्षिण भारत में फ्रांसीसियों का प्रभाव कैसे समाप्त हुआ?

3. बंगाल की दीवानी के लिए ईस्ट इंडिया कम्पनी की जोड़-तोड़

1. अंग्रेज़ों के मजबूत होने का मुगल शासन पर क्या प्रभाव पड़ा?
2. अलीवर्दी खाँ कौन था? उसका अंत कैसे हुआ?
3. अंग्रेज़ों ने बंगाल पर कब्ज़ा करने के लिए कौन-सी चाल चली?
4. सिराजुद्दौला की दूरदर्शिता का परिचय दीजिए।
5. काली कोठरी के बारे में जो जानते हो लिखें।

4. क्लाइव का आगमन

1. क्लाइव ने सिराजुद्दौला के विरूद्ध कैसे-कैसे षड्यंत्र रचे?
2. सप्तवर्षीय युद्ध क्या था?
3. मीर जाफर बंगाल का नवाब कैसे बना?
4. प्लासी का युद्ध कहाँ और क्यों लड़ा गया?
5. प्लासी के युद्ध में सिराजुद्दौला के हारने का कारण क्या था?
6. मीर जाफर को 'क्लाइव का गधा' क्यों कहा जाता है?
7. मीर जाफर के कार्यकाल में जनता की हालत का वर्णन कीजिए।
8. मीर कासिम कौन था? वह शासक कैसे बना?
9. बक्सर युद्ध का वर्णन कीजिए।

5. गवर्नर के रूप में क्लाइव

1. क्लाइव का दूसरी बार भारत आगमन क्यों सफल रहा?
2. क्लाइव काल में कम्पनी की दशा का वर्णन कीजिए।
3. द्वैत शासन क्या था?
4. बंगाल में पड़े अकाल का वर्णन कीजिए।
5. क्लाइव के बाद के दो गवर्नरों का नाम तथा उनका कार्यकाल लिखें।

6. वारेन हेस्टिंग्स

1. वारेन हेस्टिंग्स के छः मुख्य सुधार बताइए।
2. वारेन हेस्टिंग्स का कार्यकाल कितने दिनों का रहा? इस दौरान कम्पनी को क्या लाभ हुआ?
3. नंदकुमार को मृत्युदंड क्यों दिया गया?

4. हेस्टिंग्स के काल में महाराज चेतसिंह पर क्या गुजरी?
5. अंग्रेज़ी फौज ने अवध की बेगमों के साथ बुरा बर्ताव क्यों किया?

7. लार्ड कार्नवालिस

1. लार्ड कार्नवालिस की मुख्य विशेषताएँ क्या थीं?
2. तृतीय मैसूर युद्ध का आगाज किन कारणों से हुआ?
3. टीपू की विशेषताओं का वर्णन कीजिए।
4. नानाफड़नवीस कौन था? उसकी मुख्य भूमिकाएँ क्या थीं?
5. मैसूर का राज्य कैसे बिखर गया? टीपू का अंत कैसे हुआ?

8. सर जान शोर

1. सर जान शोर के कार्यकाल और उसकी भूमिका के बारे में बताएँ।
2. पेशवा के सूर्यास्त की कहानी क्या है?
3. निज़ाम का सूर्यास्त क्यों और कैसे हुआ?

9. मार्क्विस वेल्सली

1. वेल्सली के कार्यकाल में 'सहायता संधि' क्या थी?
2. 'सहायक संधि' के संदर्भ में वेल्सली की रणनीति क्या थी?
3. मराठों के पतन की कहानी लिखिए।
4. अंग्रेज़ होल्कर को क्यों नहीं हरा पाए?

10. शक्तिशाली होते ब्रिटिश शासक

1. लार्ड मिण्टो के कार्यकाल का वर्णन कीजिए।
2. लार्ड हेस्टिंग्स की व्यापारिक दृष्टि क्या थी?
3. लार्ड एमहर्स्ट काल के तीन महत्वपूर्ण युद्धों का वर्णन करें।
4. लार्ड विलियम बेण्टिक के सामाजिक कार्यों का वर्णन करें।
5. लार्ड डलहौजी की सफलताओं पर अपने विचार लिखें।

11. प्रथम स्वतंत्रता संघर्ष

1. प्रथम स्वतंत्रता संघर्ष के समय अंग्रेज़ शासक कौन था? उसकी भूलों का वर्णन करें।
2. सैनिक विद्रोह के मुख्य कारण क्या थे?
3. विद्रोह के समय के पाँच महत्वपूर्ण व्यक्तियों की भूमिका का उल्लेख करें।
4. अम्बाला की घटना के बारे में जो जानते हों लिखें।
5. बहादुर शाह ज़फर के बारे में अपनी राय लिखें।

12. स्वतंत्रता के लिए बढ़ता संघर्ष और उसका प्रभाव

1. खान बहादुर खाँ ने क्या सूचनाएँ प्रसारित करवाईं।
2. कानपुर में नाना साहब और हिलर्सडन के बीच कैसे सम्बंध रहे?
3. इलाहाबाद और बनारस की घटनाओं का वर्णन करें।
4. महारानी लक्ष्मीबाई तथा राजा शिन्दे की भूमिकाओं का वर्णन करें।

13. स्वतंत्रता संघर्ष की मंद पड़ती गति

1. बहादुर शाह ज़फर के अलग-थलग पड़ने का क्या कारण था?
2. दिल्ली में हुए युद्ध का वर्णन करें।
3. नवाबों-राजाओं के पतन का दौर कैसे शुरू हुआ?
4. महारानी लक्ष्मीबाई द्वारा लड़े गए युद्ध का वर्णन करें।

5. ताँत्या टोपे के अंतिम दिनों का वर्णन करें।

14. 1857 के पश्चात् : स्वाधीनता के संघर्ष की कहानी

1. 1857 के बाद भारतीय क्यों कमज़ोर पड़े?
2. बहादुर शाह ज़फर की अपील क्या थी?
3. भारत में हुए सामाजिक सुधारों का वर्णन करें।
4. ए. ओ. ह्यूम कौन थे? भारतीय काँग्रेस की स्थापना का उद्देश्य क्या था?
5. वंदे मातरम् के रचयिता कौन थे? उस गीत पर रोक क्यों लगी?

15. स्वतंत्रता के लिए आंदोलन ने गति पकड़ी

1. गरम दल के दो महत्वपूर्ण नेताओं का नाम बताएँ तथा उनकी कार्यवाहियों का वर्णन करें।
2. गणपति पर्व का उद्देश्य क्या था?
3. शिवाजी आन्दोलन की शुरूआत का वर्णन करें।
4. प्लेग और अकाल के बारे में तिलक ने क्या लिखा?
5. आयेर्स्ट और रैण्ड की हत्या किन लोगों ने क्यों की।
6. विदेशी कागज तथा कपड़ों के बहिष्कार का क्या प्रभाव पड़ा?
7. तिलक के युग पर अपने विचार लिखें।
8. क्रांतिकारी सरगर्मियों से आप क्या समझते हैं?
9. विनायक दामोदर सावरकर को कालेपानी की सज़ा क्यों दी गई?
10. लाला हरदयाल का परिचय लिखें।

16. स्वतंत्रता संघर्ष पर प्रथम विश्वयुद्ध का प्रभाव

1. प्रथम विश्वयुद्ध के समय यूरोपीय देशों की स्थिति क्या थी?
2. 'जहान-ए-इस्लाम' क्या था? जार्ज पंचम के उदारता के कारण बताइए?
3. गृहशासन आन्दोलन क्या था?
4. 'जनरल ओ डायर' के दमनकारी चरित्र का वर्णन करें।
5. 'जलियाँवाला बाग नरसंहार' पर एक निबंध लिखें।

17. गाँधीजी के प्रयासों का आखिरी चरण

1. सरकारी दमनचक्र के खिलाफ असहयोग आंदोलन की भूमिका बताएँ।
2. असहयोग आंदोलन के दौरान महापुरुषों ने क्या किया तथा क्या नारा दिया?
3. गाँधी जी के विचार क्या थे तथा विश्व इस आंदोलन को किस रूप में देख रहा था?

18. क्राँतिकारी कार्यवाही और ब्रिटिश शासन की अस्थिरता

1. क्राँतिकारी कार्यवाही दक्षिण भारत में किस रूप में पहुँची तथा उसके क्या परिणाम रहे?
2. चौरी-चौरा काण्ड का क्या प्रभाव पड़ा?
3. काकोरी काण्ड पर एक निबंध लिखें।
4. राजेन्द्रनाथ लाहिड़ी द्वारा जेल से लिखी गई कविता याद कर लिखें।
5. अशफाक उल्ला खाँ का परिचय लिखें।
6. रोशनसिंह ने अपने मित्र को जो पत्र लिखा था उसे स्मरण कर लिखें।
7. साइमन कमीशन का बहिष्कार किस रूप में हुआ?
8. साण्डर्स की हत्या किस तरह की गई?
9. दिल्ली असेम्बली में बम विस्फोट करने वाले लोग कौन थे? उनका उद्देश्य क्या था?
10. फाँसी से पूर्व भगतसिंह ने अपने भाई को जो पत्र लिखा था उसका वर्णन करें।

19. भारत पूर्ण स्वराज्य की राह पर

1. पूर्ण स्वाधीनता की बात कहाँ से कैसे शुरू हुई?
2. 'दाण्डी आंदोलन' का मुख्य उद्देश्य क्या था?
3. 'झण्डा गीत' के रचयिता कौन थे? कंठस्थ कर 'झण्डा गीत' को लिखें।
4. दाण्डी आंदोलन का अन्त किस रूप में हुआ?
5. आज़ाद के अंतिम दिनों को याद कर एक कहानी लिखें।

20. नेताजी ने कहा—दिल्ली चलो!

1. नेताजी की पार्टी का नाम लिखें तथा उनकी गिरफ़्तारी का कारण बताएँ।
2. सुभाष बाबू किस तरह फरार हुए?
3. 'आज़ाद हिंद फौज' का गठन कब, क्यों और कहाँ हुआ?
4. "दिल्ली चलो!" का मुख्य उद्देश्य क्या था?
5. सुभाषचन्द्र बोस की मृत्यु की घटना क्या थी?

21. भारत आज़ाद हुआ

1. ब्रिटेन के कमज़ोर पड़ने का कारण क्या था?
2. पूर्ण स्वतंत्रता के तीन मुख्य नारे क्या थे?
3. भारत छोड़ो आन्दोलन का प्रारंभ किस रूप में हुआ?
4. 'करो या मरो' गाँधीजी ने यह नारा क्यों दिया?
5. 'करो या मरो' नारे के कारण घटी घटनाओं को क्रमवार लिखिए।
6. आज़ादी की ओर पहला कदम क्या था?
7. भारत को आज़ादी कब मिली? तत्कालीन अध्यक्ष कृपलानी ने क्या कहा?
8. भारत विभाजन की कहानी लिखिए।
9. आज़ादी का उत्सव कैसे मनाया गया?
10. प्रिंसेज पार्क में ध्वज को सलामी का वर्णन अपने शब्दों में करें।